Melanie Werner, Stefanie Vogt,
Lydia Scheithauer

Wissenschaftliches Arbeiten in der Sozialen Arbeit

AF198947

Melanie Werner, Stefanie Vogt,
Lydia Scheithauer

Wissen-schaftliches Arbeiten in der Sozialen Arbeit

WOCHEN SCHAU STUDIUM

Bibliografische Information der Deutschen Nationalbibliothek

Die Deutsche Nationalbibliothek verzeichnet diese Publikation in der Deutschen Nationalbibliografie; detaillierte bibliografische Daten sind im Internet über http://dnb.d-nb.de abrufbar.

© WOCHENSCHAU Verlag
Dr. Kurt Debus GmbH
Schwalbach/Ts. 2017

www.wochenschau-verlag.de

Titelgestaltung: Ohl Design
Gedruckt auf chlorfreiem Papier
Gesamtherstellung: Wochenschau Verlag
ISBN 978-3-7344-0388-0 (Buch)
ISBN 978-3-7344-0389-7 (E-Book)

Inhalt

Einleitung 7

1. Was ist Wissenschaft? 9

2. Der Arbeitsprozess 15

3. Die wissenschaftliche Recherche 19
   3.1 Quellenarten und ihre Zitierwürdigkeit 19
   3.2 Recherchetechniken 24
   3.3 Recherche in Bibliothekskatalogen und Datenbanken 27
       3.3.1 Recherche in Hochschulbibliotheken 27
       3.3.2 Recherche in Datenbanken und Verbundkatalogen 28
   3.4 Die wissenschaftliche Recherche im Internet 31
   3.5 Weitere Recherchestrategien 32
   3.6 Literatur beschaffen und auswählen 33

4. Das Arbeiten mit wissenschaftlichen Texten 35
   4.1 Wissenschaftliche Texte lesen 35
   4.2 Wissenschaftliche Texte aufarbeiten 38

5. Eine Fragestellung entwickeln 41
   5.1 Ideen sammeln und sortieren 42
   5.2 Eine Fragestellung formulieren.. 44
   5.3 Eine Gliederung entwickeln 49
   5.4 Das Exposé 55

6. Wissenschaftlich schreiben 57
   6.1 Einen Text aufbauen 58
   6.2 Wissenschaftliche Standards 60
   6.3 Geschlechtergerechte Sprache 62
   6.4 Klar und verständlich schreiben 64
   6.5 Quellen im Text belegen 69
   6.6 Belege im Literaturverzeichnis 81
   6.7 Das Plagiat 85
   6.8 Das Formatieren 88

7. Teile eines wissenschaftlichen Textes 91
   7.1 Das Deckblatt 92
   7.2 Das Abstract 92
   7.3 Das Inhaltsverzeichnis 93

7.4 Weitere Verzeichnisse 94
7.5 Die Einleitung 96
7.6 Der Hauptteil 97
7.7 Der Schluss 98
7.8 Das Literatur- oder Quellenverzeichnis 99
7.9 Der Anhang 99

8. Arten von schriftlichen Arbeiten 101

8.1 Das Paper 101
8.2 Die Textanalyse 102
8.3 Die Haus- oder Abschlussarbeit 103
8.4 Das Essay 104
8.5 Das Portfolio 107

9. Ergebnisse mündlich vortragen 109

9.1 Die Präsentation 109
9.2 Das Visualisieren 114
9.3 Das Handout 116
9.4 Diskussion und Moderation 117
9.5 Das Feedback 119

10. Wissenschaftlich Arbeiten in Studium und Praxis 123

Literatur 125

Abbildungen

Abbildung 1: Arbeitsschritte einer schriftlichen Arbeit 16
Abbildung 2: Mindmap 43
Abbildung 3: Themenpyramide 44
Abbildung 4: Reduzierung von „Warum"-Fragen 45
Abbildung 5: Deduktiver Textaufbau 50
Abbildung 6: Induktiver Textaufbau 51
Abbildung 7: Dialektischer Textaufbau 51
Abbildung 8: Vergleichender Textaufbau nach Gegenständen 52
Abbildung 9: Textaufbau nach der Problemlöseformel 53
Abbildung 10: Textaufbau nach dem Viersatz 54
Abbildung 11: Textstrukturskizze 59
Abbildung 12: Belegen 71

Tabellen

Tabelle 1: Leitfragentypen 46
Tabelle 2: Belege im Text 69
Tabelle 3: Zitierregeln 77
Tabelle 4: Belege im Literaturverzeichnis 82
Tabelle 5: Strukturierung eines Essays 106

EINLEITUNG

Herzlichen Glückwunsch! Sie sind Student*in der Sozialen Arbeit und werden sich in den nächsten Semestern mit Theorien und Methoden der Sozialen Arbeit und ihren Bezugsdisziplinen auseinandersetzen. Im Studium lernen Sie, Ihr Handeln auf der Grundlage wissenschaftlicher Erkenntnisse zu reflektieren. Sie werden im Laufe Ihres Studiums deshalb selbst ein wenig zur Wissenschaftler*in und sich wissenschaftliche Denkweisen zu eigen machen. Gleichzeitig erlernen Sie wissenschaftliche Techniken, beispielsweise das Präsentieren oder das Schreiben von Hausarbeiten. Beides, die wissenschaftliche Haltung und die wissenschaftlichen Techniken, sind Voraussetzung für einen gelungenen Start in den Beruf – unabhängig davon, ob Sie eine akademische Karriere anstreben oder nicht. Denn auch in der Praxis der Sozialen Arbeit müssen Sie nicht nur Vorurteile in Frage stellen (wissenschaftliche Haltung), sondern beispielsweise auch Gutachten und Projektanträge schreiben können (wissenschaftliche Techniken).

Mit diesem Buch möchten wir Sie beim wissenschaftlichen Arbeiten unterstützen. Zu Beginn dieses Buches legen wir kurz dar, was Wissenschaftlichkeit und eine wissenschaftliche Haltung ausmachen (Kapitel 1). Dann stellen wir Ihnen die einzelnen Arbeitsschritte beim Erstellen einer wissenschaftlichen Arbeit vor (Kapitel 2). Anschließend erläutern wir die verschiedenen wissenschaftlichen Techniken: Sie lernen, wie man wissenschaftliche Quellen findet (Kapitel 3) und wie Sie sich diese erschließen können (Kapitel 4). Unabhängig davon, ob Sie eine Präsentation halten oder eine Hausarbeit schreiben, müssen Sie eine Leitfrage entwickeln und einen roten Faden herausarbeiten (Kapitel 5). Anschließend erfahren Sie, wie Sie die Antworten auf Ihre Fragen verschriftlichen (Kapitel 6) und wie sich eine wissenschaftliche Arbeit formal aufbaut (Kapitel 7). Danach gehen wir auf die Besonderheiten verschiedener Arten von schriftlichen Arbeiten ein (Kapitel 8). Abschließend erläutern wir, wie Sie die Ergebnisse Ihres Arbeitsprozesses auch mündlich präsentieren können (Kapitel 9). In vielen Kapiteln finden

Sie am Ende Infoboxen mit weiterführenden Tipps. Viele Hochschulen und die Studierendenwerke bieten fächerübergreifende Seminare zum Einüben der Techniken wissenschaftlichen Arbeitens an. Nutzen Sie diese Angebote schon zu Beginn Ihres Studiums, Sie werden Ihr ganzes Studium von den hier gewonnenen Kenntnissen profitieren. Recherchieren Sie ergänzend zu diesem Buch, ob es einen Leitfaden zum wissenschaftlichen Arbeiten an Ihrer Fakultät gibt.

Noch eine Anmerkung zur Sprache: Wissenschaftliche Sprache ist eine exakte Sprache. Sie darf keine Missverständnisse zulassen und nicht darauf vertrauen, dass die Leser*innen schon wissen, was gemeint sei. Auch deswegen ist es aus unserer Sicht notwendig, geschlechtersensibel zu schreiben. Wir haben uns für das Schreiben mit dem sogenannten Gendersternchen entschieden (vgl. hierzu Kapitel 6.3).

Abschließend möchten wir darauf hinweisen, dass dieses Buch auf vielen Seminaren zu Techniken wissenschaftlichen Arbeitens basiert. Unser Dank gilt deswegen allen Kolleg*innen, die uns ihre Seminarunterlagen zur Verfügung gestellt haben. Insbesondere möchten wir an dieser Stelle Frau Prof. Dr. Zorn für die Hinweise zu Datenbanken und Recherchetechniken, Frau Prof. Dr. Brosey für die Ergänzungen zum korrekten Zitieren von Gesetzen sowie Thorsten Schlee und Franz Krönig für die kritische Auseinandersetzung zum Kapitel „Was ist Wissenschaft" danken. Heike Fiebig, Sandra Apfelbaum, Frieder Bögner und Katrin Tegude haben intensiv an diesem Buch mitgearbeitet und uns wichtige Überarbeitungsvorschläge gegeben.

Wertvoll sind uns die vielen Rückmeldungen der Studierenden, die mit diesem Buch arbeiten: Anna Vogel, Elise Merkel und Sonja Fröhlich haben uns wichtige Hinweise zur Barrierefreiheit gegeben. Raimund Sudermanns Expertise zum digitalen Lernen ist in zahlreiche Hinweise am Ende der einzelnen Kapitel eingeflossen. Christoph Gille danken wir für die Endkorrekturen. Abschließend sei Nora Wilcke gedankt, die die Entwicklung des ursprünglichen Skriptes zu einem Buch unterstützt hat.

1. Was ist Wissenschaft?

Was Wissenschaft ist, ob es eine Wahrheit gibt und ob Menschen diese erkennen können, sind grundlegende Fragen der Philosophie. Es ist spannend, sich mit diesen Fragen auseinanderzusetzen, an dieser Stelle sollen jedoch nur pragmatisch einige Aspekte herausgegriffen werden, die für das wissenschaftliche Arbeiten von besonderer Bedeutung sind.

„Dass ich erkenne, was die Welt im Innersten zusammenhält" so lässt Goethe (1986/1808) seinen Faust die Sehnsucht der Wissenschaft nach Erkenntnis beschreiben. Die Soziale Arbeit „erkennt", d.h. beschreibt, bewertet und analysiert soziale Probleme und außerschulische Bildungszusammenhänge. Auf der Suche nach Erkenntnis oder Wahrheit müssen Sie sich nicht wie Doktor Faust mit dem Teufel einlassen – es ist völlig ausreichend, wenn Sie sich Ihrer Vernunft bedienen. Das ist jedoch nicht so einfach, weil wir in der Sozialen Arbeit immer schon eine Idee von den Dingen haben, die vor uns liegen. Es ist nicht möglich, unvoreingenommen zu sein. Vielleicht haben Sie schon erste praktische Erfahrungen in der Sozialen Arbeit sammeln können, sicherlich aber können Sie sich an eigene Erfahrungen mit Einrichtungen der Sozialen Arbeit, wie Jugendzentren oder Kindergärten, erinnern. Auch die Medien berichten immer wieder über soziale Probleme und Menschen, die scheinbar „Probleme machen". In einem wissenschaftlichen Studium lernen Sie, Ihre eigenen Vorannahmen immer wieder in Frage zu stellen. Anders ausgedrückt, Wissenschaft beginnt immer mit einer Frage, die häufig das scheinbar Offensichtliche in Frage stellt. Sind es wirklich nur Kinder mit einem Migrationshintergrund, die Probleme mit der deutschen Sprache haben? Was spricht eigentlich gegen Altenheime? Ist Alkoholkonsum bei Jugendlichen tatsächlich ein Problem? Gehen Sie mit offenen Augen durch Studium und Praxis und stellen Sie das Erlernte und Erlebte immer wieder in Frage.

Sich der Welt fragend zu nähern, einen forschenden Habitus zu entwickeln, ist auch für das professionelle Handeln in der Praxis der Sozialen Arbeit wichtig. Als Sozialarbeiter*in oder Sozialpädagog*in werden Sie ein soziales Problem nicht einfach hinnehmen, sondern hinterfragen. Stört ein Kind beispielsweise in der Schule, dann ist es nicht die Aufgabe der Schulsozialarbeiterin, das Kind zu einem schulkonformen Verhalten zu bewegen. Sie wird zunächst einmal Fragen stellen. Wer bestimmt, dass ein Verhalten als „störend" etikettiert wird? Für wen stellt das Verhalten aus welchem Grund ein Problem dar? Welche alternativen Lösungswege gibt es? Darüber hinaus hinterfragen Sozialarbeiter*innen und Sozialpädagog*innen auch ihr eigenes Handeln und reflektieren es auf Grundlage von Theorien.

Wissenschaft beginnt mit einer Frage – und sie bietet unterschiedliche Möglichkeiten an, diese Frage zu beantworten. Sie werden im Studium der Sozialen Arbeit unterschiedliche Erkenntniswege kennen lernen, dieser muss immer transparent gemacht werden. In den ersten Semestern werden Sie die Antwort auf Ihre Fragestellung vor allem in Büchern suchen, man spricht dann von einer Literaturarbeit. Sie werden aber auch erste kleine Forschungsprojekte durchführen, dann spricht man von einer empirischen Arbeit.

Man unterscheidet zwischen qualitativer und quantitativer Sozialforschung. Der Begriff „quantitativ" verweist darauf, dass es hier um eine Vielzahl von Daten geht, mit deren Hilfe man eine Theorie oder einen Teil einer Theorie (eine Hypothese) testet. Sie schließt vom Allgemeinen auf das Besondere, arbeitet also „deduktiv". Die quantitative Forschung arbeitet mit großen Stichproben. Deswegen werden die Daten meist mit dem Computer ausgewertet. Das klassische Erhebungsinstrument ist hierbei der Fragebogen. Ergebnisse sind Statistiken, die häufig in Form von Tabellen und Graphiken aufgearbeitet und dargestellt werden. Diese Statistiken beschreiben und erklären die Wirklichkeit: Ergebnis einer quantitativen Untersuchung könnte beispielsweise sein, dass Menschen, die als Kinder viel Gewalt erfahren haben, zu Gewalttätigkeit neigen. Quantitative Studien können jedoch nicht erklären, warum das so ist und was die Menschen zu ihren Handlungen bewegt. An diesem Punkt setzt die „qualitative" Forschung an. Man sagt auch: Quantitative Forschung geht in die Breite, qualitative Forschung in die Tiefe eines Gegenstandes.

In der qualitativen Sozialforschung wird soziales Handeln aus mehreren Perspektiven auf seinen Sinn hin befragt. Bezogen auf das oben genannte Beispiel würde qualitative Forschung den gewalttätigen Elternteil möglicherweise fragen, wie Konflikte in seiner oder ihrer Herkunftsfamilie gelöst wurden bzw. wie er oder sie selbst Konflikte erlebt hat. Sie könnten aber auch Expert*innen nach ihren Erfahrungen befragen. Typische Methoden der qualitativen Sozialforschung sind Interviews, teilnehmende Beobachtungen oder Gruppendiskussionen. Auch interpretative Methoden der Textauslegung, wie beispielsweise die Hermeneutik, gehören zur qualitativen Sozialforschung. Die Theorie entsteht im Laufe des Forschungsprozesses „induktiv", d.h. man schließt vom Speziellen auf das Allgemeine. Qualitative Forschung ist somit eher thesengenerierend, während die quantitative Sozialforschung eher thesenüberprüfend ist. Beide Richtungen haben ihre eigenständige Gültigkeit.

Studierende, die eine empirische Arbeit schreiben, denken häufig, dass dies weniger Arbeit sei, weil man beispielsweise nicht so viel lesen müsse. Das ist leider nicht der Fall. Planen Sie eine empirische Arbeit, so müssen Sie sich in die Methodik und den aktuellen Forschungsstand einarbeiten. Entscheidend für das Gelingen einer empirischen Erhebung ist eine gelungene Verknüpfung von bestehendem wissenschaftlichen Wissen und den neu generierten Daten. Um ein gelungenes Interview zu führen oder einen funktionierenden Fragebogen entwickeln zu können, müssen Sie das jeweilige Themen- und Theoriefeld bereits sehr gut überblicken. Für die Erstellung einer empirischen Forschungsarbeit verweisen wir auf die entsprechende Literatur.

Auch im Rahmen einer Literaturarbeit können neue Erkenntnisse erworben werden: Wenn Sie zu einer Frage viele Texte lesen und aus diesen die Antwort auf Ihre Frage generieren, so schaffen Sie etwas Neues, das mehr ist als die Summe seiner Einzelteile. Literaturarbeiten und empirische Arbeiten stehen damit gleichwertig nebeneinander. In diesem Buch vermitteln wir das dazugehörige Handwerkszeug. Darüber hinaus werden Sie im Laufe Ihres Studiums auch erste Grundkenntnisse in der empirischen Sozialforschung erwerben. Hiernach können Sie in der Praxis beispielsweise eine Evaluation oder eine Bedarfsanalyse nach wissenschaftlichen Standards durchführen. Möglicherweise bekommen Sie auch Lust, diese Kenntnisse in einem Masterstudiengang zu vertiefen. Viele Dozent*innen werden Ihnen aus eigenen Forschungsarbeiten berichten und Sie ermutigen, kleinere eigene Forschungsarbeiten zu erstellen oder in einem Lehrforschungsprojekt mitzuarbeiten. Nutzen Sie die Gelegenheiten, Einblicke in die Forschung in der Sozialen Arbeit zu erhalten, und werfen Sie immer auch einen Blick auf die Methodik.

Es gibt unterschiedliche Möglichkeiten, die Antworten auf eine Frage darzustellen. Die Klassiker an Hochschulen sind die Hausarbeit oder die Präsentation, es gibt aber auch andere Formen, wie beispielsweise das Essay. Das wissenschaftliche Arbeiten ist jedoch mit der Präsentation der Ergebnisse nicht abgeschlossen. An eine Präsentation schließt sich die inhaltliche Diskussion der Ergebnisse an, zu Hausarbeiten können kritische Nachfragen gestellt werden. Dies ist keine persönliche Kritik, sondern ganz normaler Teil von Wissenschaft, die auf der Suche nach Wahrheit alles in Frage stellen muss.

Welches Handwerkzeug benötigen Sie, um wissenschaftlich arbeiten zu können? Sie müssen erstens eine wissenschaftliche Haltung entwickeln. Zweifel, Neugier und Vernunft sollten Sie von nun an begleiten. So entwickeln Sie wissenschaftliche Fragestellungen oder Thesen. Sie benötigen zweitens Methoden, um diese Fragestellungen nach wissenschaftlichen Kriterien zu beantworten. Hierzu gehören, neben den Methoden der Sozialforschung, alle Techniken, die Sie bei der Erfassung und Ordnung von Wissen unterstützen, beispielsweise die wissenschaftliche Literaturrecherche, das Exzerpt und das Abstract, aber auch die Mitschrift oder das Protokoll. Damit Wissenschaft und Praxis an Ihren Ergebnissen teilhaben können, erlernen Sie drittens, wie man Ergebnisse schriftlich und mündlich präsentieren kann.

Wissenschaftliches Arbeiten besteht somit aus drei Schritten:

- Entwicklung einer Fragestellung oder einer These
- Beantwortung dieser Fragestellung bzw. Belegen oder Widerlegen der These nach wissenschaftlichen Kriterien
- Darstellung der Ergebnisse

In den folgenden Kapiteln werden wir auf diese Schritte im Einzelnen näher eingehen und sie erläutern.

Zum Weiterlesen:

- Engelke, Ernst; Borrmann, Stefan; Spatscheck, Christian (2016): Die Wissenschaft Soziale Arbeit. Werdegang und Grundlagen. 4. Aufl., Freiburg i. Br.
- Plöger, Wilfried (2003): Grundkurs Wissenschaftstheorie für Pädagogen. Paderborn.
- Diekmann, Andreas (2014): Empirische Sozialforschung. Grundlagen, Methoden, Anwendungen. 8. Aufl., Reinbek bei Hamburg.
- Hug, Theo; Poscheschnik, Gerald (2015): Empirisch forschen. Die Planung und Umsetzung von Projekten im Studium. 2. Aufl., Konstanz.
- Schaffer, Hanne (2014): Empirische Sozialforschung für die Soziale Arbeit. Eine Einführung. 3. Aufl., Freiburg i. Br.

Im Netz:

Das „Philosophische Kopfkino" bietet einen guten Einstieg in die Fragen der Wissenschaftstheorie. Es finden sich beispielsweise Clips zum Thema „Was ist eigentlich Wahrheit?", „Hermeneutik" oder „Empirismus"? http://www.3sat.de/page/?source=/philosophie/148960/index.html

2. DER ARBEITSPROZESS

Bald schon werden Sie erste Texte schreiben oder erste Präsentationen halten müssen. Egal, ob es sich um ein Paper, eine Hausarbeit, eine Präsentation oder eine Thesis handelt – der Arbeitsprozess gestaltet sich im Grunde immer gleich. Wir geben zunächst einen Überblick über alle Arbeitsschritte auf dem Weg zu einer wissenschaftlichen Arbeit und gehen in den folgenden Kapiteln dann vertiefend auf die einzelnen Schritte ein.

Das folgende Bild des Berges beschreibt die einzelnen Schritte bei der Erstellung einer wissenschaftlichen Arbeit. Auf dem Weg zum Gipfel müssen verschiedene Meilensteine überwunden werden. Einige Meilensteine sind nicht bei jeder Arbeit zwingend notwendig. Diese Meilensteine sind als Umwege kenntlich gemacht. Spätestens beim Verfassen Ihrer Thesis müssen Sie jedoch alle Arbeitsschritte beherrschen. Nutzen Sie also die Möglichkeit, alle Schritte einzuüben, indem Sie hin und wieder einen Umweg wagen.

Abbildung 1: Arbeitsschritte einer schriftlichen Arbeit, eigene Darstellung.

Ursula Thomas-Johaentges (2013) unterteilt den Weg vom Fuß zum Gipfel des Berges in sechs Phasen oder Etappen:

1. die Orientierungsphase,
2. die Recherchephase,
3. die Strukturierungsphase,
4. das Verfassen der Arbeit,
5. die Endphase,
6. und schließlich die Abgabe.

Bei empirischen Arbeiten kommt noch die Erhebungs- und Auswertungsphase hinzu. Jede Phase bringt ihre eigenen Herausforderungen mit sich und ist mit typischen Emotionen verknüpft.

Zu Beginn einer wissenschaftlichen Arbeit (Orientierungsphase) steht meist eine grobe Idee. Sie wissen beispielsweise, dass Sie „irgendwas über Jugendliche und Drogen" schreiben oder präsentieren möchten. Wenn Sie eine Abschlussarbeit planen, werden Sie tausend Ideen haben, was Sie alles machen könnten. In der Orientierungsphase sind viele (noch) begeistert von ihrem Thema und den Möglichkeiten, die darin stecken.

Um einen Überblick über das Thema zu bekommen, wird zunächst eine breite Literaturrecherche durchgeführt (Recherchephase – vgl. Kapitel 3). Nun bekommen Sie eine Ahnung, wie groß und wie voraussetzungsvoll das gewählte Thema ist. In der Recherchephase steht man vor einem riesigen Berg Literatur. Dieser knüpft an unterschiedliche Theorien an. Das Thema scheint viel zu groß für eine einzige Arbeit zu sein. Es verwundert nicht, dass die Recherchephase mit Gefühlen der Orientierungslosigkeit und Überforderung, aber auch von Neugier begleitet werden kann.

Können Sie das Feld überblicken, versuchen Sie das Thema einzukreisen, enger zu fassen und eine Fragestellung zu entwickeln (vgl. Kapitel 5). Anschließend wird eine verfeinerte Recherche durchgeführt. Fragen Sie sich: Was muss ich wissen, um diese Frage zu beantworten? Die Antworten können die Grundlage für eine Gliederung sein. Bei einer Abschlussarbeit ist es häufig gefordert, ein Exposé zu schreiben (vgl. Kapitel 5.4). Aber auch bei kleineren Arbeiten kann ein Exposé eine gute Arbeitsgrundlage sein, zwingend notwendig ist es meist jedoch nicht. Das Exposé macht den geplanten Inhalt der Arbeit transparent und sollte unbedingt mit der betreuenden Dozent*in besprochen werden. Neigen Sie dazu, Arbeiten lieber morgen als heute zu erledigen? Dann ist nun ein guter Zeitpunkt, einen Zeit- und Arbeitsplan zu erstellen. In der Strukturierungsphase werden Sie viel lesen (vgl. Kapitel 4) und die Struktur Ihrer Arbeit immer wieder verändern. Häufig werden Sie in dieser Phase von einem Gefühl des inneren Chaos begleitet. Wissenschaftliches Arbeiten ist ein kreativer Prozess, da etwas Neues geschaffen wird. Lassen Sie sich also nicht durch dieses Gefühl des inneren Chaos beirren, sondern begreifen Sie es auch als Inspiration, neue Ideen zu entwickeln. Schreiben Sie Ihre Gedanken auf, damit Sie nicht verloren gehen. Versuchen Sie mit etwas Abstand zu bewerten, ob und in welchem Zusammenhang diese Gedanken mit Ihrer Leitfrage stehen.

Schließlich geht es ans Verfassen einer ersten Rohfassung des Textes oder des Vortragsskriptes, die Sie immer wieder bearbeiten und nachbessern. Viele Studierende kennen die „Angst vor dem leeren Blatt", es gibt jedoch Techniken, diese zu überwinden (vgl. Kapitel 6). In der Schreibphase sind Sie schon so in das Thema eingearbeitet, dass sich das Gefühl der Belanglosigkeit einstellen kann. Hochs und Tiefs werden sich in dieser Phase häufig abwechseln.

In der Endphase lassen Sie die Arbeit von Freund*innen Korrektur lesen bzw. halten Sie einen Probevortrag. Das Formatieren des Textes (vgl. Kapitel 6.8) oder der Folien (vgl. Kapitel 9.2) braucht Zeit. In dieser Endphase macht sich häufig Erschöpfung breit. Wenn Sie das Gefühl haben, einfach nur noch abgeben zu wollen, ist dies ein guter Zeitpunkt, es auch zu tun. Sie haben dann einen weiten Weg hinter sich gebracht. Ganz unabhängig von der Note, die Sie für Ihre Arbeit bekommen werden, sollten Sie nicht vergessen, dies ein wenig zu feiern.

Hochs und Tiefs sind normale Nebenwirkungen beim Erstellen einer wissenschaftlichen Arbeit. Ihre Kommiliton*innen und Dozent*innen können zu den einzelnen Phasen und Gefühlen in der Retroperspektive sehr amüsante Geschichten erzählen.

3. Die wissenschaftliche Recherche

Für das Schreiben von wissenschaftlichen Arbeiten oder die Vorbereitung einer Präsentation müssen Sie sich in Ihr Thema einlesen. Dazu brauchen Sie passende Literatur. Die Literaturrecherche lässt sich in drei Schritte einteilen: Erstens stellt sich die Frage, was Sie suchen. Hier geht es um die Vielfalt von Quellen, die Sie für Ihre Arbeit nutzen können. Zweitens müssen Sie wissen, wo oder womit Sie diese Quellen finden können. Dazu benötigen Sie sowohl Kenntnisse über relevante Datenbanken als auch zu Recherchetechniken. Wenn Sie passende Quellen gefunden haben, müssen Sie drittens wissen, wie Sie diese besorgen.

3.1 Quellenarten und ihre Zitierwürdigkeit

Werden Studierende vor die Aufgabe gestellt, eine Literaturrecherche durchzuführen, suchen Sie meistens nach Büchern. Es gibt jedoch noch viel mehr Quellenarten, mit denen Sie sich ein Thema erarbeiten können. Bei der Auswahl der Quellen achten Sie auf die Wissenschaftlichkeit, man spricht auch von „Zitierwürdigkeit" der

Quellen. Im Folgenden geben wir einen Überblick über Quellenarten und ihre Zitierwürdigkeit.

Ein Buch einer Herausgeber*in, in der mehrere andere Autor*innen Aufsätze veröffentlicht haben, nennt man „**Sammelband**". Bücher, die ein eigenständiges und in sich geschlossenes Werk darstellen, heißen „**Monographien**". Das Arbeiten mit Büchern hat aber auch Nachteile: Bis ein Buch geschrieben, korrigiert und schließlich gedruckt ist, vergeht eine Menge Zeit. Den aktuellen Forschungsstand finden Sie deshalb eher in Fachzeitschriften als in Büchern. In Fachzeitschriftenartikeln werden häufig sehr spezifische Fragestellungen beantwortet, während Bücher eher in die Breite gehen.

Häufig geben auch Ministerien, Forschungsinstitute oder Fachverbände Studien oder Expertisen im Eigenverlag heraus. Alle Veröffentlichungen, die nicht über den Buchhandel zu beziehen sind, weil sie keine ISBN-Nummer haben, nennt man „**graue Literatur**".

Viele Erkenntnisse in der Sozialen Arbeit werden in **Qualifikationsarbeiten** erworben: Das Studium wird mit einer Thesis abgeschlossen, eine Dissertation ist eine Doktorarbeit, eine Habilitation eine Qualifikationsarbeit, die auf einen Doktortitel aufbaut. Eine Bachelorthesis oder eine Masterthesis sind die ersten Qualifikationsarbeiten einer Absolvent*in und nur in Ausnahmefällen zitierwürdig, weil die Qualität stark variiert. Doktorarbeiten und Habilitationsschriften können Sie für Ihre Arbeiten nutzen. Auch **Gesetzestexte** und deren Auslegungen sind wichtige Quellen in der Sozialen Arbeit.

Studierende greifen, besonders in den ersten Semestern, gerne auf Folien aus Vorlesungen zurück. Das ist in den meisten Fällen nicht zulässig, da diese Folien erstens für andere nicht einsehbar sind und die Vorlesungen zweitens meist den Erkenntnisstand zu einem bestimmten Gegenstand zusammenfassen. Es handelt sich also um **Sekundärliteratur**. Aus diesem Grund sind auch **Lehrbücher** nur bedingt zitierfähig.

Es ist schwierig für eine spezifische Fragestellung ein passendes Buch zu finden. Sie werden vielmehr mit einer Vielzahl von Büchern gleichzeitig und ausschnittsweise arbeiten müssen. Wenn Sie noch kein Vorwissen zu einem Thema haben, ist ein Blick in ein **Handbuch** der Sozialen Arbeit ein guter Ausgangspunkt. Hier fassen Expert*innen den derzeitigen Stand der Wissenschaft zu einem bestimmten Thema auf wenigen Seiten zusammen. Sie bekommen so schnell einen Überblick. Das Literaturverzeichnis ist eine ergiebige Quelle für weitere Recherchen. Einschlägige Handbücher der Sozialen Arbeit haben wir am Ende des Kapitels zusammengestellt. **Lexika** der Sozialen Arbeit erklären Fachbegriffe.

Auch im Internet finden Sie schnell und bequem Material zu einem Thema. Leider birgt das Internet auch viele Fallstricke: Im Internet kann jede*r publizieren. Das hat den Vorteil, dass es zu einer großen Vermehrung von Wissen kommt. Der Nachteil ist, dass die Informationen im Internet von ganz unterschiedlicher Qualität sind. Bei **Internetquellen** müssen Sie deshalb besonders sorgfältig überprüfen, wer hinter der Quelle steckt. Auch Filme und Mitschnitte von Vorträgen können Sie nutzen, wenn Sie den Kriterien von Wissenschaftlichkeit entsprechen. Neben der Quellenart gibt es weitere Kriterien, die auf ihre Wissenschaftlichkeit hinweisen:

- Genügt die Quelle selbst wissenschaftlichen Standards? Werden Aussagen durch Quellen oder durch Argumente belegt? Ein wissenschaftlicher Text schließt immer an aktuelle Forschungsergebnisse an. Er enthält deshalb Verweise auf andere Quellen (vgl. Kapitel 6.5) und immer ein Literaturverzeichnis (vgl. Kapitel 6.6). Ist die Argumentation des Textes logisch und sauber? Ist das Vorgehen der Autor*in nachvollziehbar und transparent? Sind Fachbegriffe definiert? Ist die Sprache klar und unmissverständlich? Schließlich: Ist die Autor*in wirklich auf der Suche nach Wahrheit oder versucht sie lediglich, ihre Vorannahmen durch einseitige Quellenauswahl zu belegen?

- Zitierwürdige Quellen sind für Dritte einsehbar: Eine Student*in in Hamburg oder eine Wissenschaftler*in in Kapstadt müssen genauso auf diese Quellen zugreifen können wie Sie. Die Quellen müssen also zumindest im offen zugänglichen Bereich des Internets stehen und beispielsweise nicht ausschließlich auf einer internen Lernplattform wie „Ilias" oder „Moodle". In Ausnahmefällen kann es sein, dass Sie auf Texte zurückgreifen müssen, die diesen Anspruch nicht erfüllen, beispielsweise wenn Sie einen Flyer oder ein Einrichtungskonzept für einen Praxisbericht verwenden.

Die Auswahl der Quelle muss dann aber gut belegt sein. Eine Kopie dieser Quelle gehört in den Anhang der Arbeit.

- Greifen Sie so weit wie möglich auf „**Primärliteratur**" zurück. Als Primärliteratur bezeichnet man Quellen, deren Erkenntnisse selbst auf die Verfasser*in zurückgehen. Als „**Sekundärliteratur**" bezeichnet man beispielsweise Lehrbücher. Diese sind nur bedingt zitierfähig, weil sie die Erkenntnisse anderer zusammenfassen.

- Stellen Sie sicher, dass die Literatur in Bezug auf Ihr Thema aktuell ist. Wenn Sie eine Arbeit über die Willensfreiheit schreiben, dürfen Sie selbstverständlich Schriften von Immanuel Kant aus dem 18. Jahrhundert verwenden. Schreiben Sie beispielsweise über Kinderarmut, so müssen Sie den aktuellen Armuts- und Reichtumsbericht heranziehen, auch wenn dieser in Ihrer Bibliothek verliehen ist (vgl. Kapitel 3.6). Knüpfen Sie Ihre Ausführungen an eine Theorie an, so müssen Sie prüfen, ob es eine Weiterentwicklung der Theorie gibt und erst dann können Sie entscheiden, welche Version für Ihre Fragestellung angemessen ist. Werfen Sie einen Blick in ein Handbuch der Sozialen Arbeit, um einen Überblick über den aktuellen Diskurs zu bekommen.

- Recherchieren Sie die Autor*in. Sie bekommen dann schnell einen Eindruck, ob es sich um eine wissenschaftliche Arbeit handeln kann oder beispielsweise um eine Hausarbeit einer Student*in.

- Werfen Sie einen Blick auf socialnet.de und überprüfen Sie, ob es eine Rezension der Quelle gibt. Auf Socialnet wird sozialwissenschaftliche Literatur von Wissenschaftler*innen zusammengefasst und bewertet.

- In welchem Verlag ein Buch veröffentlicht wurde, kann Hinweise auf die Zitierwürdigkeit der Quelle geben. Seien Sie vorsichtig mit „Books on demand", weil hier häufig jede*r unabhängig von der Qualität, Texte veröffentlichen kann. Hinter spannenden Titeln aus dem „Grind-Verlag" verbergen sich beispielsweise häufig mittelmäßige Hausarbeiten. Einschlägige Verlage der Sozialen Arbeit sind z. B. Juventa, de Gruiter, Kohlhammer, Klinkhart, Budrich, transkript, utb, der VS- und der Wochenschauverlag.

- Wissenschaftliche Literatur richtet sich an ein Fachpublikum. Verzichten Sie auf Artikel aus Tages-, Wochen- oder populärwissenschaftlichen Zeitungen. Diese haben einen journalistischen, keinen wissenschaftlichen Anspruch. Das Gleiche gilt für Ratgeberliteratur.

Im Folgenden finden Sie eine Übersicht über die hier vorgestellten Quellenarten und ihre Verwendbarkeit. Selbstverständlich dürfen Sie auch nicht zitierwürdige Quellen nutzen, um sich einen Überblick zu verschaffen und einen Zugang zu einem Thema zu bekommen. Arbeiten müssen Sie dann aber mit wissenschaftlichen Quellen. Wo und wie Sie die Quellenarten finden können, erfahren Sie im nächsten Kapitel.

Eine Liste der **Fachzeitschriften in der Sozialen Arbeit** können Sie auf den Seiten der Deutschen Gesellschaft für Soziale Arbeit herunterladen http://dgsainfo. de/service/zeitschriften_soziale_arbeit.html

Zu den einschlägigen **Handbüchern der Sozialen Arbeit** zählen beispielsweise:
* Otto, Hans-Uwe; Thiersch, Hans (Hrsg.) (2014): Handbuch Soziale Arbeit. Grundlagen der Sozialarbeit und Sozialpädagogik. 5. Aufl., München, Basel.
* Thole, Werner (Hrsg.) (2012): Grundriss Soziale Arbeit. Ein einführendes Handbuch. 4. Aufl., Wiesbaden.

Folgende **Wörterbücher** helfen beim Nachschlagen von Fachbegriffen:
* Feuerhelm, Wolfgang (2007): Taschenlexikon der Sozialarbeit und Sozialpädagogik. 5. Aufl., Wiebelsheim.
* Deutscher Verein für öffentliche und private Fürsorge (2011): Fachlexikon der Sozialen Arbeit. 7. Aufl., Baden-Baden.
* Kreft, Dieter; Mielenz, Ingrid (Hrsg.) (2013): Wörterbuch Soziale Arbeit. Aufgaben, Praxisfelder, Begriffe und Methoden der Sozialarbeit und Sozialpädagogik. 7. Aufl., Weinheim, München.
* Thole, Werner; Höblich, Davina; Ahmed, Sarina (Hrsg.) (2012): Taschenwörterbuch Soziale Arbeit, 2. Aufl., Bad Heilbrunn.

Studierenden, **deren Muttersprache nicht Deutsch ist**, können ggf. diese Bücher weiterhelfen:
* Deutscher Verein für öffentliche und private Fürsorge (Hrsg.) (2009): Wörterbuch der sozialen Arbeit. Deutsch – Französisch, Französisch – Deutsch. Berlin.
* Dohrmann, Wolfgang (2011): Wörterbuch der Sozialpädagogik und Sozialarbeit. Teil I: Englisch – Deutsch, Teil II: Deutsch – Englisch = Dictionary of social pedagogy and social work: Part 1: English – German, Part II: German – English. Berlin, Stuttgart.
* Firlit-Fesnak, Grazyna; Oberloskamp, Helga (Hrsg.) (2007): Polsko-niemiecki i niemiecko-polski leksykon polityki spolecznej i pracy socjalnej. Polnisch-deutsches und Deutsch-polnisches Lexikon der Sozialpolitik und Sozialarbeit. 2. Aufl., Warszawa.
* Herrmann, Peter (2008): Wörterbuch Soziale Arbeit. Deutsch – Englisch; Englisch – Deutsch. Frankfurt/M.
* Kibardina, Svetlana M. (2000): Deutsch-russisches Wörterbuch der Sozialarbeit. Frankfurt/M.
* Wienand, Manfred (2013): Sozialsystem und Soziale Arbeit in der Bundesrepublik Deutschland. Frankfurt/M. Erhältlich in den Sprachen: Deutsch, Englisch, Französisch, Polnisch, Russisch, Spanisch, Türkisch.

3.2 Recherchetechniken

Alle Suchmaschinen recherchieren mit Suchbegriffen. Die Suchmaschinen erkennen jedoch nur Buchstabenreihenfolgen, nicht deren
Bedeutung. So kann es sein, dass bei einer Recherche mit dem
Suchbegriff „Jugendgefängnis" keine Treffer erzielt werden, weil diese unter den Begriffen „Jugendstrafvollzug" verschlagwortet wurden.
Deshalb sollten Sie zu Beginn Ihrer Recherche eine Wortliste erstellen. In dieser Wortliste werden zunächst Synonyme des Suchbegriffes gesammelt. Der Thesaurus eines Textverarbeitungsprogramms
oder ein Synonymelexikon helfen hierbei weiter. Darüber hinaus
macht es Sinn, Unter- und Oberbegriffe des Suchbegriffes aufzu-
schreiben. Werden in einem Suchvorgang nur wenige Treffer erzielt,
wird mit einem übergeordneten Suchbegriff weiter gesucht. Wird beispielsweise bei einer Recherche zum Thema „weibliche Spielsüch-
tige" mit dem Begriff „Sucht" recherchiert, werden zu viele Treffer
erzielt. Eine Recherche mit dem Unterbegriff „Spielsucht" schränkt
die Treffer auf ein spezifisches Themenfeld ein. Recherchieren Sie
nicht nur mit den Begriffen, die in Ihrer Fragestellung oder Ihrem
Thema vorkommen, sondern suchen Sie auch nach den Konzepten
und Theorien, die möglicherweise dahinterliegen. Interessieren Sie
sich z.B. für die Mediennutzung von Kleinkindern, dann geben Sie
auch Begriffe wie „Medienkompetenz" oder „Medienpädagogik" ein.

Fast jede Suchmaschine gibt Ihnen die Möglichkeit, nach
„Schlagwort", „Stichwort" oder über die „freie Suche" zu recherchieren und die Suchbegriffe mit „und", „oder" sowie „und nicht"
zu verknüpfen. Ein **Schlagwort** wird von den Mitarbeiter*innen einer
Bibliothek vergeben und kategorisiert den Titel. So werden mehrere Titel unter einem Schlagwort zusammengefasst. Beispielsweise
könnten die Bücher „Qualitative Evaluation" (Kuckartz et al. 2016)
und „Empirisch forschen" (Hug; Poscheschnik 2015) unter dem
Schlagwort „Sozialforschung" zusammengefasst werden, die Titel
„Theorien der Sozialen Arbeit" (Engelke; Borrmann; Spatescheck
2014) oder „Soziale Arbeit – eine problemorientierte Einführung"
(Böhnisch; Schröer 2013) unter „Lehrbuch", „Einführung" und
„Soziale Arbeit". Eine Schlagwortsuche macht immer dann Sinn,

wenn Sie Quellen zu einem bestimmten Themenfeld suchen. Bei einer Schlagwortsuche muss genau jenes Schlagwort eingegeben werden, welches die Bibliothek vergeben hat. Wenn Sie beispielsweise das Schlagwort „Jugend" eingeben, die Bibliothek aber das Schlagwort „Adoleszenz" vergeben hat, werden Sie keine Treffer erzielen. Versuchen Sie es dann mit Synonymen. Wenn Sie eine passende Quelle gefunden haben, überprüfen Sie, mit welchen Begriffen sie verschlagwortet wurde. Dazu genügt bei den bibliographischen Angaben ein Klick auf „Schlagworte". Wenn Sie nach einer Quelle suchen, deren Titel Sie bereits kennen, empfiehlt sich eine **Stichwortsuche**. Der eingegebene Suchbegriff muss exakt so im Titel vorkommen. Je nachdem, ob Sie nach einem Stichwort oder Schlagwort suchen, erhalten Sie unterschiedliche Treffer. Die **freie Suche** sucht nach Schlagwörtern, Stichwörtern und teilweise auch in Zusammenfassungen. Die freie Suche ergibt eine Vielzahl von Treffern. Überlegen Sie bei Ihren Recherchen immer, welche Art von Suche für Ihre Zwecke Sinn macht.

Egal, ob Sie eine Suche über ein Stichwort, ein Schlagwort oder eine freie Suche durchführen, müssen Begriffe trunkiert werden. **Trunkieren** meint das Setzen von Platzhaltern: Geben Sie nur den Wortstamm in das Suchfeld ein (beispielsweise „Jugend") und setzen Sie direkt hinter dem Begriff einen Platzhalter (beispielsweise „Jugend*"). Das Sternchen ersetzt dann alle möglichen Endungen, z. B. jugendlich, Jugendliche, Jugendalter etc. Sie können einen Platzhalter auch an den Anfang eines Wortes setzen: Geben Sie beispielsweise „*Strafe" ein. Nun sucht die Suchmaschine nicht nur nach dem Begriff „Strafe", sondern alle Wörter, die mit „Strafe" enden, beispielsweise Freiheitsstrafe, Jugendstrafe, Erziehungsstrafe. Einen Platzhalter in die Mitte eines Begriffes zu setzen, ist immer dann empfehlenswert, wenn Sie sich nicht sicher bei der Schreibweise sind. Ist unklar, wie sich die Autor*in „Schmidt" am Ende schreibt, können die Endbuchstaben durch ein Trunkierungszeichen ersetzt werden („Schmi*"). In vielen Bibliothekskatalogen und Datenbanken fungiert ein Sternchen (*) als Platzhalter. In manchen Datenbanken übernimmt das Fragezeichen (?), das Rautezeichen (#) oder das Dollarzeichen ($) diese Funktion – im Zweifelsfall gibt die Hilfefunktion darüber Auskunft.

Stoppwörter sind Wörter, die sehr häufig vorkommen, wie beispielsweise „der", „die" oder „das". Deshalb werden sie in den meisten Katalogen und Datenbanken nicht beachtet und Sie können auf deren Eingabe verzichten.

Ist die Wortfolge bei einer Recherche wichtig, so werden die Worte in Anführungsstriche gesetzt. Man spricht dann von einer **Phrase**.

Suchmasken erlauben auch die Recherche nach Autor*innen. Das macht immer dann Sinn, wenn Sie zu Ihrem Thema bereits Autor*innen kennen. In diesem Fall lohnt es sich genauer zu recherchieren, was die Autor*innen über die bekannte Quelle hinaus zum Thema publiziert haben.

Suchbegriffe können auf unterschiedliche Weise miteinander verknüpft werden. Dazu stehen die sogenannten **Operatoren** zur Verfügung. Wichtige Operatoren sind „AND", „OR" und „NOT". Die Operatoren müssen groß geschrieben werden, damit die Suchmaschine diese als solche erkennt. Häufig geben Suchmasken diese bereits vor. Werden zwei Begriffe mit „AND" verknüpft, werden alle Treffer angezeigt, die beide Begriffe beinhalten. Geben Sie beispielsweise in das Suchfeld „Schlagwort" die Worte „Migration" und „Kinder" ein, so werden nur Treffer angezeigt, die sowohl zum Thema „Migration" als auch zum Thema „Kinder" passen. Verknüpfen Sie zwei oder mehr Begriffe mit „OR", dann werden Treffer angezeigt, die entweder das eine oder das andere Wort enthalten. Möchten Sie ein Wort im Treffer ausschließen, so setzen Sie ein „NOT" dazwischen. Wenn Sie zum Beispiel auf der Suche nach Büchern über systemische Gruppenarbeit sind, finden aber nur Bücher über systemische Beratung, macht es Sinn, das Wort „Beratung" mit dem Operator „NOT" auszuschließen. Teilweise werden auch deutschsprachige Operatoren verwendet. Die meisten Kataloge, Suchmaschinen und Datenbanken geben die jeweiligen Operatoren bereits in der Suchmaske vor.

Geben Sie Begriffe hintereinander in ein Suchfeld ein, so werden diese automatisch mit „AND" verknüpft.

3.3 Recherche in Bibliothekskatalogen und Datenbanken

Keine Bibliothek der Welt kann alle Quellen besitzen. Deshalb recherchieren Sie zunächst, welche Quellen es zu Ihrem Thema überhaupt gibt, und recherchieren dabei immer über den Bestand Ihrer Hochschulbibliothek hinaus. Erst in einem zweiten Schritt überprüfen Sie, wie Sie diese Quelle beziehen können. Literatur recherchieren und Literatur besorgen sind zwei voneinander unabhängige Arbeitsschritte.

Damit man in einer Bibliothek ein Buch findet, legen die Bibliotheken Kataloge an, in denen alle Bücher verzeichnet sind, die eine Bibliothek besitzt. Verbundkataloge sind Zusammenschlüsse verschiedener Bibliothekskataloge. Hier finden Sie beispielsweise alle Bücher, die in Köln oder Nordrhein-Westfalen ausleihbar sind. In Datenbanken werden Texte nach bestimmten Kriterien sortiert. Sie müssen jedoch in Bibliotheken ausgeliehen werden.

Eine Trefferliste mit allen wichtigen Angaben zu den Quellen, die sogenannten „bibliographischen Angaben", ist Ergebnis einer Recherche.

Eine umfassende Recherche beinhaltet:
- die Recherche in Ihrer Hochschulbibliothek zum Bestand vor Ort,
- die Recherche nach Monographien und Sammelbänden, beispielsweise im Karlsruher Virtuellen Katalog,
- die Recherche nach Artikeln in Fachzeitschriften, beispielsweise in FIS-Bildung oder Wiso-net,
- eine wissenschaftliche Internetrecherche, beispielsweise mit Basesearch.

3.3.1 Recherche in Hochschulbibliotheken

Ihre Hochschulbibliothek ist Startpunkt jeder Recherche. Hier finden Sie die Grundlagenliteratur, die Sie für Seminare und Vorlesungen benötigen. Hochschulbibliotheken sind gut mit Literatur zu den Lehr- und Forschungsthemen der lehrenden Professor*innen ausgestattet. Bereits im ersten Semester sollten Sie sicher in Ihrer Hochschulbibliothek recherchieren können. Besuchen Sie die

Seiten der Hochschulbibliothek und probieren Sie die oben be-
schriebenen Recherchetechniken aus. Informieren Sie sich, welche
Quellenarten Sie mit dem Katalog Ihrer Hochschule finden können.
Mit allen Katalogen können Sie Bücher finden, viele finden darüber
hinaus aber auch Artikel aus Zeitschriften oder Sammelbänden.
Manche Hochschulbibliotheken binden außerdem Abschluss- und
Forschungsarbeiten ein, die an ihrer Hochschule erstellt wurden.
Nehmen Sie sich die Zeit, die vorhandenen Fachzeitschriften zu
sichten, und gewöhnen Sie sich das Stöbern und Lesen in diesen
Zeitschriften an. In vielen Studiengängen ist die Literaturrecherche
und eine Bibliotheksführung bereits Bestandteil von einführenden
Seminaren. Aber auch die Hochschulbibliotheken selbst bieten
Rechercheseminare mit unterschiedlichen Schwerpunktsetzungen
an.

In größeren Städten gibt es häufig mehrere Hochschulbibliotheken. Machen Sie sich auch mit diesen Bibliotheken und ihren Katalogen vertraut – so können Sie auf einen viel größeren Bestand
zurückgreifen. Häufig ist die Benutzung für Studierende anderer
Hochschulen kostenlos.

Die Recherche in der Hochschulbibliothek bleibt auf ihren Bestand beschränkt. Die Seiten der Hochschulbibliotheken weisen
deshalb den Weg zu zahlreichen Datenbanken und sie ermöglichen
die Recherche in lizenzpflichtigen Datenbanken. Über die Fernleihe
besorgt die Hochschulbibliothek problemlos Quellen, die in ihrem
Bestand nicht zu finden sind.

3.3.2 Recherche in Datenbanken und Verbundkatalogen

Im Folgenden stellen wir einige Datenbanken und Verbundkataloge
vor, die für die Recherche in der Sozialen Arbeit besonders nützlich
sind. Dies ist jedoch nur eine Auswahl, je nach Fragestellung und
Bezugsdisziplin werden andere Datenbanken sinnvoll sein. Schauen
Sie deshalb immer wieder in die Datenbankübersicht Ihrer Bibliothek.

Zu den großen Verbundkatalogen gehört der „Gemeinsame Verbundkatalog" (GVK). Im GVK (https://gso.gbv.de/DB=2.1/LNG=
DU/) sind über 41,5 Mio. Titel mit mehr als 105,3 Mio. Besitznach-

weisen von Büchern, Zeitschriften, Aufsätzen, Kongressberichten, Mikroformen, elektronischen Dokumenten, Datenträgern, Musikalien, Karten etc. von ca. 500 Bibliotheken nachgewiesen. Im Worldcat (www.worldcat.de) können Sie weltweit über 2 Milliarden Quellen recherchieren.

Der Karlsruher Virtuelle Katalog (KVK) kvk.bibliothek.kit.edu ist ein überregionaler Verbundkatalog und ermöglicht die gleichzeitige Suche in mehreren regionalen Bibliotheksverbünden. Man sagt, ein Buch, das Sie im KVK nicht finden, ist generell kaum aufzutreiben (beispielsweise historische Originalschriften). Der KVK bindet automatisch mehrere deutsche Verbundkataloge ein. Sie können aber auch in ausländischen Katalogen recherchieren. Das ist besonders für Studierende interessant, deren Muttersprache nicht Deutsch ist, sowie für alle internationalen Themen der Sozialen Arbeit.

Zeitschriften-Datenbanken sind eine bequeme und effektive Art, sich einen Überblick über Artikel zu verschaffen. Hier lohnt es sich, ein wenig Zeit zu investieren. Zeitschriften-Datenbanken dokumentieren systematisch Titel, Abstracts und manchmal Volltexte, die in Zeitschriften veröffentlicht wurden. Es gibt eine Vielzahl von Datenbanken für Zeitschriftenartikel und jede Datenbank hat andere Schwerpunkte.

Die Datenbank FIS-Bildung (http://www.fachportal-paedagogik. de/fis_bildung/fis_form.html) hat einen erziehungswissenschaftlichen Schwerpunkt. Die Datenbank recherchiert in knapp 800 000 Literaturnachweisen. Die Suchergebnisse sind hochwertig und für die Soziale Arbeit relevant und hilfreich. Viele Quellen sind bereits als Volltext hinterlegt. Sie können diese direkt als PDF herunterladen. FIS-Bildung findet auch Artikel in Sammelwerken sowie graue Literatur.

In den Sozialwissenschaften ist auch die lizenzpflichtige Datenbank WISO (www.wiso-net.de) eine beliebte Datenbank, weil sie auf sehr viele Fachzeitschriftenartikel, Volltexte und Quellennachweise zurückgreifen kann. Da die Datenbank nicht nur wissenschaftliche Quellen, sondern beispielsweise auch die ADAC Motorwelt oder die Fleischerzeitschrift einbindet, müssen Sie Ihre Recherche unbedingt auf die Sozialwissenschaften beschränken. Klicken Sie dazu auf

„Literaturnachweise" und klicken Sie „Sozialwissenschaften" direkt unter dem Suchfeld an.

WISO ist eine kostenpflichtige, lizensierte Datenbank. Deshalb können Sie diese nur nutzen, wenn Ihre Hochschulbibliothek hierfür eine Lizenz erworben hat. Sie können dann häufig nur auf dem Campus in dieser Datenbank recherchieren oder müssen im Bibliothekskatalog eingeloggt sein.

Die lizenzfreie englischsprachige Datenbank Scopus (www.scopus.com) wertet über 18 000 bewertete Artikel aus Zeitschriften aus allen Fachgebieten aus. Die Artikel in Scopus sind untereinander verlinkt, sodass beispielsweise recherchiert werden kann, von welchen Autor*innen ein bestimmter Artikel zitiert wurde.

Für den Bereich Sozialpolitik ist die Internetseite „Sozialpolitik aktuell in Deutschland" (www.sozialpolitik-aktuell.de) bedeutsam. Sie wird vom Institut für Arbeit und Qualifikation der Universität Duisburg-Essen betrieben und bietet eine Fülle von Daten rund um die Sozialpolitik sowie eine eigene Datenbank.

Daten, Vorträge, Publikationen und fachspezifische Auswertungen der Daten des statistischen Bundesamtes für den Bereich Jugendhilfe finden Sie auf der Homepage der Arbeitsstelle Kinder- und Jugendhilfestatistik Dortmund (www.akjstat.uni-dortmund.de).

Auf dem Online-Portal des Leibnitz-Instituts für Sozialwissenschaften (www.gesis.org) finden Sie umfangreiche Publikationen zum Download sowie Links zu zahlreichen weiteren Portalen des Instituts mit unterschiedlichen Schwerpunkten: Auf der Seite www.sowiport.gesis.org können Sie beispielsweise in über sieben Millionen Nachweisen von Literatur, Forschungsprojekten und Volltexten recherchieren. In der Datenbank „Missy" werden Daten aus dem Mikrozensus für den Bereich Sozialwissenschaften ausgewertet (http://www.gesis.org/missy).

Im Sofis-Wiki (http://sofis.gesis.org/sofiswiki/Hauptseite) tragen Sozialwissenschaftler*innen laufende und abgeschlossene Forschungsprojekte aus Deutschland, Österreich und der Schweiz ein. Hier können Sie in 54 000 Einträgen recherchieren. Auf der Förderseite des Bundes (http://foerderportal.bund.de/foekat/jsp/StartAction.do) können Sie nach Forschungsprojekten suchen, die von

Bundesministerien gefördert wurden. Ein ähnliches Angebot bietet auch die Deutsche Forschungsgesellschaft (http://gepris.dfg.de/). Weitere statistische Daten finden Sie für die Bundes- und europäische Ebene auf den Seiten des statistischen Bundesamtes (www.destatis.de), insbesondere auf der Online-Datenbank Genesis (https://www.genesis.destatis.de/genesis/online/) und bei Eurostat (ec.europa.eu/eurostat). Auch die Landesämter für Statistik sowie die Ämter für Statistik auf kommunaler Ebene bieten einen entsprechenden Service an. Eine Übersicht über Forschungsinstitute in Deutschland findet sich auf www.forschungsportal.net.

3.4 Die wissenschaftliche Recherche im Internet

Bildlich gesprochen gleicht die wissenschaftliche Internetrecherche der Suche nach der Nadel im Heuhaufen: Sie werden sehr viele Quellen finden, die Kunst besteht nun darin, aus dieser Quellenvielfalt wissenschaftliche Quellen herauszufiltern. Besonders beliebt ist die Suchmaschine „Google". Google hat aber einen großen Nachteil, diese Suchmaschine sortiert die Ergebnisse u. a. nach der Anzahl ihrer Verlinkungen. Seiten, die häufig verlinkt werden, erscheinen in der Ergebnisliste ganz oben. Seiten, auf die kaum jemand einen Link gesetzt hat, tauchen erst am Schluss auf. Die Platzierung von Internetartikeln hat auch mit Geschäftsinteressen zu tun. Hochwertige Internetseiten, die nur selten auf andere Seiten verlinkt sind, werden Sie mit Google nicht finden. Ebenfalls von Google, für die wissenschaftliche Recherche jedoch besser geeignet, ist „Google Scholar" (www. scholar.google.de). Google Scholar recherchiert nach wissenschaftlicher Literatur, die Suchergebnisse werden ähnlich wie bei der normalen Google-Recherche gerankt. Darüber hinaus zeigt Google Scholar an, in welchen Quellen auf den vorliegenden Treffer verwiesen wird.

Um wissenschaftliche Recherchen im Internet durchzuführen, hat die Wissenschaft eigene Suchmaschinen entwickelt. Diese Suchmaschinen binden vor allem Hochschulen, Bibliotheken und Forschungsinstitute ein. Häufig liefern die Suchergebnisse einen Link

zum Volltext gleich mit. Aus der Vielzahl an wissenschaftlichen Suchmaschinen ist die der Universität Bielefeld besonders zu empfehlen
(www.base-search.net). Sie deckt sowohl deutsch- als auch englischsprachige Literatur ab. Es empfiehlt sich, von der Hauptseite direkt
zur „erweiterten Suche" zu wechseln. Hier können Sie die Suche
nach verschiedenen Kriterien filtern, auf einen bestimmten Zeitraum
beschränken und bestimmen, welche Art von Texten recherchiert
werden soll.

Eine beliebte Internetseite ist die Online-Enzyklopädie Wikipedia.
Wikipedia ist manchmal eine gute Quelle, um sich einen Überblick
über ein Thema zu verschaffen. Bewahren Sie dabei aber immer
einen kritischen, also wissenschaftlichen Blick. Sie wissen weder,
wer den Text geschrieben hat, noch von welcher Qualität der Text ist.
Aus diesem Grund können Sie Wikipedia zwar zum Einstieg in ein
Thema nutzen, Sie müssen dann aber unbedingt nachrecherchieren.
Sie sollten auf keinen Fall aus Wikipedia zitieren.

Welche Webseiten sind also zu empfehlen? Sie können Informationen von öffentlichen Einrichtungen, wie Forschungsinstituten,
Hochschulen, Ministerien, Wohlfahrtsverbänden und einschlägigen
Stiftungen nutzen. Daneben gibt es zahlreiche Internetseiten zur Sozialen Arbeit, die sehr gute Informationen enthalten oder zu seriösen
Websites verlinken. Dennoch gilt immer: Fragen Sie kritisch nach,
wer hinter einer Website steht. Ein Klick auf „über uns" oder das „Im-
pressum" gibt Ihnen einen ersten Eindruck. Empfehlenswerte Start-
seiten für eine Internetrecherche sind z. B. die Seiten des Deutschen
Bildungsservers (www.bildungsserver.de) oder das Jugendhilfepor-
tal (www.jugendhilfeportal.de).

3.5 Weitere Recherchestrategien

Wenn Sie eine passende Quelle gefunden haben, verfügen Sie bereits über einen „Anpack" für weitere Recherchen. Klicken Sie in
der Trefferliste auf „Schlagwörter" und starten Sie eine erneute Suche mit diesen Begriffen. Durchstöbern Sie das Literaturverzeichnis
dieser Quelle und schauen Sie, welche dieser Quellen nützlich sein
könnten. Entleihen Sie diese Quellen und durchforsten Sie deren

Literaturverzeichnisse. Dieses Hangeln von Literaturverzeichnis zu Literaturverzeichnis nennt man „Schneeballrecherche". Ein guter Ausgangspunkt für eine Schneeballrecherche kann ein Handbucharticle sein (vgl. Kapitel 3.1).

Eine Wissenschaftler*in veröffentlicht meist mehrere Artikel zu ihrem Fachgebiet. Wenn Sie also eine passende Quelle gefunden haben, überprüfen Sie, was die Autor*in darüber hinaus veröffentlicht hat.

Ihre Dozent*innen werden in Seminaren auch Literaturlisten herausgeben. Hier finden Sie Literatur, die als einschlägig für ein bestimmtes Themengebiet gilt. Bewahren Sie diese Literaturlisten deswegen unbedingt auf oder verwalten Sie diese in einem Literaturverwaltungsprogramm. In Vorlesungen und Seminaren sollten Sie Literaturhinweise unbedingt immer mitschreiben.

3.6 LITERATUR BESCHAFFEN UND AUSWÄHLEN

Sie haben nun eine erste Liste mit relevanter Literatur. Wie besorgen Sie nun diese Literatur? Überprüfen Sie zunächst, ob die Quelle in Ihrer Hochschulbibliothek vorhanden ist. Ist das Medium vorhanden, aber entliehen, können Sie das Buch vormerken. Ggf. dauert es zu lange, auf die Rückgabe eines Buches zu warten, schauen Sie deshalb auch in den umliegenden Bibliotheken, ob das Buch vorhanden ist.

Ist eine Quelle nicht in Ihrer Heimatbibliothek vorhanden, können Sie diese mit einigen Klicks per Fernleihe bestellen. Eine Fernleihe kostet in der Regel für Studierende 1,50 €. Die Hochschulbibliothek bestellt dann für Sie ein Buch oder einen Artikel in einer anderen Bibliothek. Das Buch holen Sie hiernach am Ausleihschalter der Hochschulbibliothek ab. Die Kopie eines Artikels dürfen Sie behalten. Ein Buch geben Sie nach Ablauf der Ausleihfrist in der Hochschulbibliothek wieder ab.

Wenn Sie nicht am Studienort wohnen, können Sie eine Fernleihe auch in fast jeder anderen Bibliothek aufgeben. Voraussetzung ist lediglich, dass Sie Mitglied dieser Bibliothek sind und die Quelle nicht in deren Bestand ist. Eine Fernleihbestellung kann einige Tage, in Einzelfällen auch länger dauern. Wenn es sehr eilig ist, können Sie auch auf den Dokumentenlieferdienst subito zurückgreifen (www. subito-doc.de/), der schneller, aber auch teurer ist.

Bei der Recherche zu Beginn einer wissenschaftlichen Arbeit ist es vollkommen normal, dass Sie sehr viele Quellen finden. Für die Bewertung und Auswahl der zu lesenden Literatur müssen Sie diese nach ihrer Passgenauigkeit und Wissenschaftlichkeit beurteilen. In einem ersten Schritt sortieren Sie die Literatur danach aus, wie sehr diese zu Ihrem Thema passt. Dazu genügt es meist, das Inhaltsverzeichnis und den Klappentext zu lesen. In einem zweiten Schritt müssen Sie unbedingt die Zuverlässigkeit der Quellen prüfen. Kriterien dafür finden Sie in Kapitel 3.1. In dieser Phase ist auch die Seite „Socialnet" (www.socialnet.de) sehr hilfreich. Hier finden Sie zahlreiche Rezensionen von Publikationen aus der Sozialen Arbeit.

Wenn Sie sich einen Überblick über das Thema verschafft haben, beginnen Sie mit der Entwicklung einer Fragestellung (Kapitel 5).

Weiterführende Tipps zur Literaturrecherche

- Im Fachportal Pädagogik (www.fachportal paedagogik.de/lotse/index.html) sowie der Ruhr Universität Bochum (www.ub.ruhr-uni-bochum.de/ot-info/ot_start. htm) finden Sie hilfreiche Tutorials zur Literaturrecherche.

- Verwalten Sie Literatur am besten von Beginn des Studiums an mit einem Literaturverwaltungsprogramm, beispielsweise mit Zotero. Dieses Programm können Sie kostenlos herunterladen (www.zotero.org). Sie können dann Rechercheergebnisse per Mausklick direkt in Ihr Literaturverwaltungsprogramm übertragen. Weitere kostenpflichtige Literaturverwaltungsprogramme sind Citavi, Endnote oder Papers 3. Viele Hochschulen bieten ihren Studierenden kostenfreie Lizenzen für ein Literaturverwaltungsprogramm an.

Zum Weiterlesen

- Die Broschüre „Forschungsdaten in den Sozial- und Wirtschaftswissenschaften auffinden, zitieren, dokumentieren" gibt gute Hinweise zur Recherche quantitativer Forschungsergebnisse. Die Broschüre kann unter http://auffinden-zitieren-dokumentieren.de/download heruntergeladen werden.

- Eine umfangreiche Übersicht über Datenbanken findet sich auch im folgenden Buch: Bove, Heinz-Jürgen (2012): Erfolgreich recherchieren - Politik- und Sozialwissenschaften. Berlin.

- Eine gute Übersicht über Fallstricke beim Recherchieren gibt auch das Heftchen „Recherchieren und Informieren – aber richtig" der Landesanstalt für Medien Nordrhein-Westfalen. Es kann unter http://www.unesco.de/fileadmin/medien/Bilder/Kommunikation/Flyer_Informationskompetenz.pdf heruntergeladen werden.

4. Das Arbeiten mit wissenschaftlichen Texten

Ein wissenschaftlicher Text ist kein Roman. Er hat nicht zum Ziel, zu unterhalten, sondern soll über einen bestimmten Sachverhalt informieren. Wissenschaftliches Lesen ist nicht einfach – besonders wenn Sie noch kein Vorwissen haben. Es ist aber unerlässlich für ein sozialwissenschaftliches Studium. Nur so können Sie sich Themen in der Tiefe erarbeiten. Beim Lesen wissenschaftlicher Literatur unterscheidet man zwei Schritte: erstens das Lesen im eigentlichen Sinne und zweitens das Aufarbeiten der Texte.

4.1 Wissenschaftliche Texte lesen

Wenn Sie noch ungeübt im Lesen wissenschaftlicher Texte sind, lesen Sie immer erst einen Überblicksartikel zu Ihrem Thema. Wenn Sie erst einmal im Groben wissen, worum es bei dem Thema geht, wird Ihnen das Lesen und Einordnen weiterer Texte leichterfallen. Überblicksartikel finden Sie beispielsweise in den einschlägigen Handbüchern der Sozialen Arbeit (vgl. Kapitel 3.1). Wissenschaftliche Texte zu lesen, braucht Zeit. Machen Sie sich vorher Gedanken, mit welchem Ziel Sie einen Text lesen. Wollen Sie eine Antwort auf eine bestimmte Frage erhalten? Dann überfliegen Sie den Text und prüfen Sie, ob der Text eine Antwort bietet. Wenn der Text vielversprechend erscheint oder es sich um einen Grundlagentext handelt – sprich einen Text, der für dieses Thema sozusagen Pflichtlektüre ist –, wird er intensiv gelesen.

Lesen Sie den Text zum ersten Mal, ist das Ziel, die Hauptgedanken eines Textes nachvollziehen zu können. Verbeißen Sie sich nicht an den ersten Sätzen eines Textes und orientieren Sie sich immer an dem, was Sie verstehen – nicht an dem, was Sie nicht verstehen. Oft erklären sich Textteile, die Sie am Anfang des Textes nicht verstanden haben, am Ende des Textes oder Sie merken, dass die Textstelle für das weitere Verständnis des Textes oder für die Beantwortung Ihrer Fragen nicht wichtig ist.

Wenn sich ein Text als wichtig für Ihre Fragestellung erweist, lesen Sie ihn ein zweites Mal intensiv und versuchen Sie nun auch unklare Textstellen zu begreifen. Hier kann es evtl. sinnvoll sein, statt des Internets ein Fremdwörterbuch zu Hilfe zu nehmen. Die Gefahr, sich bei der Fremdwortrecherche im Internet zu verlieren und plötzlich bei ganz anderen Themen zu landen, ist sehr groß.

In wissenschaftlichen Texten erschweren vor allem lange Sätze das Lesen, weil die Anzahl der Wörter die Speicherkapazität des Kurzzeitgedächtnisses übersteigt. Sie wissen dann am Ende des Satzes nicht mehr, was am Anfang gestanden hat. Ein Beispiel:

> Methoden können definiert werden als (Systeme von) Regeln (Vorschriften), die – bei gegebenen Zielen eines Akteurs unter der Voraussetzung einer sachgerechten Anwendung – die Wirksamkeit von Handlungen im Hinblick auf die Erreichung von Z gewährleisten oder wahrscheinlich machen, wobei das Z in der Erhaltung oder Veränderung des Zustandes oder der Zustandsänderungen mindestens eines konkreten Dingens (Systems) besteht (Obrecht 2009, S. 116).

Dieser Satz ist nicht nur lang, sondern auch verschachtelt. Außerdem wurden aus Verben Nomen gemacht, beispielsweise aus „anwenden" „Anwendung". Diese Nominalisierung von Verben lässt einen Satz einerseits wissenschaftlich klingen, macht ihn aber andererseits schwer verständlich. Wenn Sie solche Sätze erfassen wollen, hilft es, den Satz in kleinere Sätze zu zerschlagen. Setzen Sie für die Au-

tor*in einen Punkt, streichen Sie Füllwörter und machen Sie aus sogenannten substantivierten Verben (z. B. Erreichung) wieder Verben
(„erreichen"). Streichen Sie alles, was zum Verständnis des Textes
nicht notwendig ist. Auf das Beispiel bezogen, könnte der Satz dann
so lauten:

> Methoden sind Regeln. Wenn diese Regeln sachgerecht angewandt werden, kön-
> nen damit Ziele erreicht werden. Unter Ziel versteht man den Erhalt oder die Ver-
> änderung eines Zustandes oder mindestens eines konkreten Dinges (vgl. Obrecht
> 2009, S. 116).

Wenn Sie beim Lesen gerne abschweifen und am Ende des Textes
nicht wissen, was Sie überhaupt gelesen haben, weil Sie an den
nächsten Urlaub, den Einkauf oder etwas anderes gedacht haben,
können Sie sich selbst kleine Aufgaben stellen, um bei der Sache zu
bleiben. Zwingen Sie sich beispielsweise dazu, für jeden Absatz eine
Überschrift zu finden oder jeden Absatz zusammenzufassen. Wenn
Sie Inhalte herausschreiben oder einen Text zusammenfassen, sollten Sie das in Ihren eigenen Worten tun. Besonders bei schwierigen
Texten neigt man dazu, Sätze wörtlich zu übernehmen. Legen Sie
dann den Originaltext beiseite und versuchen Sie, Abschnitte oder
den gesamten Text in eigenen Worten zusammenzufassen. So haben Sie auch eine Kontrolle, ob Sie den Text wirklich erfasst haben.
Nur was man in eigenen Worten formulieren kann, hat man richtig
verstanden. Nehmen Sie sich erst einmal kleine Happen vor und
belohnen Sie sich, wenn Sie die ersten Absätze konzentriert gelesen
haben.

Wenn Sie überhaupt keinen Zugang zum Thema finden, können
Sie sich dem Thema über nichtwissenschaftliche Quellen nähern.
Sie können auf gute Clips im Internet zurückgreifen, auf Sachbücher
für Jugendliche oder populärwissenschaftliche Literatur. Dies kann
Ihnen den Einstieg erleichtern. Arbeiten müssen Sie dann aber auf
jeden Fall mit wissenschaftlicher Literatur (vgl. Kapitel 3.1). Haben
Sie Mut, auch englische Texte zu lesen. Englische und amerikani-
sche Wissenschaftler*innen haben häufig ein sehr pragmatisches
Verständnis von Wissenschaft – deshalb sind wissenschaftliche Texte einfach und häufig auch unterhaltsam geschrieben. Sollte Deutsch
nicht Ihre Muttersprache sein, können Sie in Absprache mit Ihrer

Dozent*in auch auf wissenschaftliche Literatur in Ihrer Muttersprache zurückgreifen. Wie Sie diese finden, können Sie im Kapitel 3 nachlesen. Auch im deutschsprachigen Raum gibt es viele Wissenschaftler*innen, die sich bemühen, verständlich und kurzweilig zu schreiben. Im Laufe des Studiums werden Sie Ihre Lieblingsautor*innen entdecken.

Auch wenn das Lesen am Anfang schwerfällt: Bleiben Sie dran! Es lohnt sich, sich intensiv mit Texten auseinanderzusetzen. Auch Ihre Dozent*innen verstehen einen anspruchsvollen Text nicht immer auf Anhieb, sondern müssen diesen ebenfalls mehrfach lesen. Lesen lässt sich nicht beschleunigen. Nehmen Sie sich deshalb die Zeit, die Sie brauchen. Nur so können Sie Inhalte wirklich begreifen. Im Laufe des Studiums wird Ihnen das Lesen immer leichter fallen, weil Sie neues Wissen an Vorwissen anknüpfen können. Da fast alle Erkenntnisse in der Sozialen Arbeit in Sprache formuliert sind, ist Lesen der Schlüssel zur Erkenntnis.

- Suchen Sie zum Lesen einen ruhigen Ort. Dieser kann die Bibliothek sein, aber auch ein Café oder ein Park. Wichtig ist, dass Sie sich ungestört fühlen.
- Diskutieren Sie Texte mit Kommiliton*innen. Das motiviert, einen Text tatsächlich zu lesen.

4.2 WISSENSCHAFTLICHE TEXTE AUFARBEITEN

In Ihrem Studium werden Sie viele Texte lesen. Natürlich können Sie sich nicht alles, was Sie gelesen haben, merken und zu einem beliebigen Zeitpunkt wieder abrufen. Sie brauchen deshalb Methoden, Texte so aufzuarbeiten, dass Sie auf das Gelesene immer wieder zurückgreifen können. Dafür gibt es verschiedene Techniken. Der Klassiker zur Textaufarbeitung in der Wissenschaft ist das Exzerpt.

Exzerpte helfen, den Überblick über Texte und deren Inhalte zu behalten. Mit Hilfe eines Exzerpts fassen Sie einen Text in eigenen Worten zusammen. Gleichzeitig überprüfen Sie, ob Sie die Hauptaussagen des Textes verstanden haben. Wenn Sie ein Exzerpt verfassen, lernen Sie also den Stoff bereits. Exzerpte ermöglichen Ihnen auch nach einiger Zeit noch mit dem Text zu arbeiten, ohne ihn erneut intensiv durcharbeiten zu müssen, beispielsweise wenn Sie beim Erstellen einer Hausarbeit auf den Text zurückgreifen möchten. Erstellen Sie ein Exzerpt immer nach einem ähnlichen Muster. Nachfolgend stellen wir Ihnen ein mögliches Muster für ein Exzerpt vor. Letztendlich müssen Sie aber individuell eine Form finden, mit der Sie gut arbeiten können. Für unser Muster nutzen Sie ein dreispaltiges DIN-A4-Blatt mit einem linken und einem rechten Rand.

Führen Sie zu Beginn die vollständigen bibliographischen Daten (vgl. Kapitel 6.6) in der Kopfzeile des Textes auf, damit Sie den Text zu einem späteren Zeitpunkt wiederfinden können und alle nötigen Angaben vorliegen haben, falls Sie aus diesem Text zitieren.

Fassen Sie dann in der mittleren Spalte den Text in eigenen Worten zusammen. Wenn Sie den Text als Ganzes exzerpieren möchten, orientieren Sie sich an der Gliederung der Autor*in. Lesen Sie den Text unter einer spezifischen Fragestellung, so exzerpieren Sie nur das, was für die Beantwortung der Fragestellung relevant ist (vgl. Kapitel 5). Wenn Ihnen das freie Formulieren schwerfällt, legen Sie den Text beim Schreiben zur Seite. Erscheinen Ihnen bestimmte Aussagen sehr prägnant oder finden Sie ein Zitat, das ausgesprochen passend für das Thema ist, übernehmen Sie dieses wörtlich und mit Seitenangabe in Ihre Aufzeichnungen. Beim Zusammenfassen können Sie sich an einer Thema-Rhema-Gliederung orientieren: Sie notieren zunächst, worum es in dem Absatz geht (Thema) und schreiben dann, was dazu gesagt wird (Rhema). So fassen Sie Abschnitt für Abschnitt zusammen. Nach jedem größeren Textabschnitt, beispielsweise nach einem Kapitel, schreiben Sie auf Grundlage der Zusammenfassungen eine Zusammenfassung des ganzen Kapitels. So gehen Sie mit dem gesamten Text vor. Am Ende fassen Sie noch einmal alle Kapitelzusammenfassungen zusammen und erhalten so eine Textzusammenfassung in eigenen Worten, die von der Wortwahl im Originaltext losgelöst ist.

In der linken Spalte des Exzerpts notieren Sie die Seitenzahlen der exzerpierten Abschnitte. Hierdurch können Sie die Textstellen gut im Originaltext wiederfinden.

In der rechten Spalte findet sich Platz für Ihre Kommentare, beispielsweise für Fragen, die sich aus dem Text ergeben, für Bezüge zu anderen Texten oder zu Modulen und weiterführenden Gedanken. Sie sollten in dieser Spalte immer auch Literaturhinweise aufnehmen. In der rechten Spalte können Sie auch mit kleinen Icons arbeiten: Zeichnen Sie ein Buch für Literaturhinweise, ein Ausrufezeichen, wenn Sie etwas besonders bemerkenswert, einen Smiley, wenn Sie die Ausführung der Autor*in überzeugend finden etc.

Das Exzerpt ist in der Wissenschaft die übliche Form, einen Text aufzuarbeiten. Wenn Sie einen Text exzerpieren, setzen Sie sich intensiv mit seinem Inhalt auseinander und beginnen den Text zu verarbeiten und zu lernen. Das Exzerpieren ist aber nur eine mögliche Form, sich mit Texten auseinanderzusetzen.

Literaturverwaltungsprogramme wie Citavi, Endnote, Zotero oder Papers 3 bieten die Möglichkeit, Ihre Exzerpte direkt in einer eigenen Eingabemaske zu erstellen. Das Exzerpt wird dann dem entsprechenden Text in der Literaturverwaltung zugewiesen. Wenn Sie mit Word oder einem anderen Textverarbeitungsprogramm schreiben, können Sie Zusammenfassungen aus den Exzerpten direkt einbinden.

5. Eine Fragestellung Entwickeln

Grundsätzlich können analytische von deskriptiven Fragestellungen unterschieden werden. Mit der Beantwortung einer deskriptiven Fragenstellung wird gezeigt, dass ein Thema verstanden und reproduziert werden kann. Solche Arbeiten beschreiben ein Thema in seiner Breite. Bei der Beantwortung einer analytischen Fragestellung wird ein Themenfeld unter einem bestimmten Fokus beleuchtet. Diese Frage darf in dieser Weise noch nicht beantwortet worden sein. Möchten Sie beispielsweise eine Abschlussarbeit über „Die Armenfürsorge in Köln im Kaiserreich" schreiben, so ist dies nicht möglich, wenn es eine Veröffentlichung zu genau diesem Thema gibt. Sie müssten die Quelle zur Beantwortung der Frage nur noch zusammenfassen. Selbstverständlich können Sie jedoch eine Facette der Frage herausgreifen, beispielsweise „geschlechtsspezifischer Umgang mit Armut in Köln im Kaiserreich", oder das Thema erweitern. Ebenfalls ist es möglich, die gleiche Frage mit einer anderen Methode zu beantworten.

Meistens beinhalten wissenschaftliche Arbeiten einen beschreibenden und einen analytischen Teil in unterschiedlichen Gewichtungen.

5.1 IDEEN SAMMELN UND SORTIEREN

Wie entwickeln Sie nun eine Fragestellung? Am Anfang jeder Arbeit steht ein grobes Thema. Meist ist der Kopf voller Ideen und Gedanken und man weiß nicht, wie man seine Arbeit strukturieren soll. Dann ist es hilfreich, die Gedanken zu visualisieren. Eine gute Methode hierzu ist das Mindmapping.

Eine Mindmap ist ein Gedankennetz. In die Mitte des Blattes kommt das Thema. Alle Aspekte, die zum Thema gehören, werden nun mit dem Thema verknüpft. Übergeordnete Aspekte werden direkt mit dem Thema verbunden und befinden sich im Inneren der Mindmap. Untergeordnete Aspekte werden an übergeordnete Aspekte angehängt und bilden die äußeren Kreise. Besonders wichtige Aspekte werden mit dicken Ästen verbunden. Auch Farben und Symbole helfen, Gedanken zu visualisieren. Für eine Mindmap verwendet man am besten unliniertes Papier. Je größer das Blatt ist, desto mehr Ideen können visualisiert werden. Bleistift und Radiergummi erleichtern das Arbeiten. Wenn Sie im Mindmapping ungeübt sind, können Ideen auch auf Kärtchen geschrieben und anschließend sortiert werden. Sind Sie mit der Mindmap zufrieden, schreiben Sie diese ab oder fixieren die Moderationskärtchen mit Klebeband. Sie können eine Mindmap auch mit speziellen Programmen auf dem PC erstellen. Wenn Sie eine beschreibende Arbeit verfassen, fragen Sie sich: Was muss die Leser*in wissen, um das Thema zu verstehen? Schreiben Sie im Brainstorming alle Ideen auf. Schauen Sie sich nun die Mindmap an und überlegen Sie, welche Aspekte behandelt werden sollen. Bei beschreibenden Arbeiten werden Sie eher die großen Themen im Inneren der Mindmap behandeln. Es ist dann nicht möglich, thematisch auch in die Tiefe zu gehen und die äußeren Aspekte zu behandeln.

Kreisen Sie ein, welche Aspekte in Ihrem Text behandelt werden sollen. Hilfreiche Fragen können dabei sein:

* Was muss die Leser*in unbedingt wissen, um das Thema zu verstehen?
* Welche Aspekte sind wichtig, welche weniger wichtig?
* Was ist besonders interessant?

Versuchen Sie nun aus diesen Aspekten eine beschreibende Leitfrage zu formulieren.

Bei einer analytischen Frage werden alle Aspekte aufgeschrie-
ben, die Ihnen zum Thema durch den Kopf gehen, und durch Zwei-
ge und Äste miteinander verbunden. Stellen Sie W-Fragen an Ihr
Thema, z. B. „Wer ist die Zielgruppe?" oder „Was ist Grundlage des
Konzeptes?". Bei analytischen Fragestellungen gilt es einen engen,
spezifischen Bereich herauszufiltern.

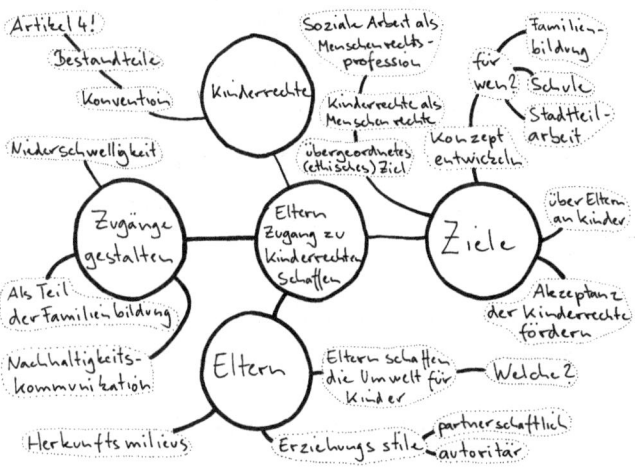

Abbildung 2: Mindmap, eigene Darstellung.

Markieren Sie die Aspekte der Mindmap, deren Beantwortung Sie
reizt. Hilfreiche Fragen hierzu sind beispielsweise:

- Welcher Aspekt interessiert mich besonders? Wofür schlägt mein
  Herz?
- Was möchte ich auf keinen Fall behandeln?
- Welches Vorwissen habe ich bereits?
- Wie viele Aspekte kann ich im Rahmen meiner Arbeit bearbeiten?
- Wie viel Literatur gibt es zum Thema?
- Welche Frage ist für meine spätere Praxis besonders relevant?
- Welche Frage erscheint mir für die Soziale Arbeit besonders inte-
  ressant?

Eine weitere Möglichkeit, um das Thema einzugrenzen, ist die Themenpyramide (Schmitz; Zöllner 2007, S. 38-41). Bei der Themenpyramide reduzieren Sie das Thema immer weiter und hangeln sich vom Grobthema über Teilaspekte und Zielgruppen zum eigentlichen Thema.

Abbildung 3: Themenpyramide, eigene Darstellung.

Ergebnis einer Mindmap oder einer Themenpyramide ist ein eingeschränktes Thema – aber noch nicht Ihre Fragestellung.

5.2 EINE FRAGESTELLUNG FORMULIEREN

Die Leitfrage ist für die Arbeit von großer Wichtigkeit, weil Sie Ihnen einen klaren Arbeitsauftrag vorgibt. Ihr Job ist es, eine Antwort auf die Frage zu finden. Je präziser Sie die Leitfrage formulieren, desto klarer wird der Aufbau Ihrer Arbeit sein und desto leichter fällt es hinterher, die Arbeit zu schreiben. Die Leitfrage ist Ihr roter Faden. Um eine Leitfrage zu formulieren, kann es hilfreich sein, zwei oder drei Aspekte, die Thema in Ihrer Arbeit sein sollen, auf Kärtchen zu schreiben. Sie wissen beispielsweise, dass Sie etwas über unbegleitete minderjährige Flüchtlinge und Freundschaften schreiben möchten.

Überlegen Sie dann, welche Fragen sich mit diesen drei Begriffen bilden lassen, z.B.:

- Wie entstehen Freundschaften?
- Was verhindert Freundschaften?

- Welche Bedeutung hat Freundschaft für unbegleitete minderjährige Flüchtlinge?
- Welche Bedeutung hat der Verlust der Freundschaften im Herkunftsland?
- Welche Bedeutung hat der Kontakt zu Freund*innen aus dem Herkunftsland?
- Inwieweit unterstützen Freundschaften bei der Bewältigung von Fluchterfahrungen?
- Wie kann Soziale Arbeit Freundschaften fördern?
- ...

Vermeiden Sie „Warum"-Fragen, weil sie meistens zu groß und kaum zu beantworten sind. Formulieren Sie „Warum"-Fragen zunächst zu „Aus welchen Gründen?"-Fragen um. Bilden Sie Thesen zu diesen Fragen und überlegen Sie anschließend, ob Sie eine These herausgreifen können.

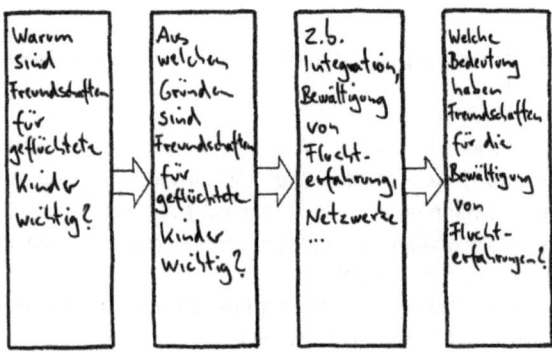

Abbildung 4: Reduzierung von „Warum"-Fragen, eigene Darstellung.

Generieren Sie zu Beginn möglichst viele Fragen. Wählen Sie dann aus, welche Frage Sie in Ihrer Arbeit tatsächlich beantworten möchten. Christine Stickel-Wolf und Joachim Wolf (2013) unterscheiden verschiedene Typen von Fragestellungen. Die Tabelle auf der folgenden Seite liefert Ihnen einen Überblick.

Meistens liegt die Leitfrage auf verschiedenen Ebenen. Eine übergeordnete Fragestellung sollte deswegen in Unterfragen zergliedert

Ebene	Leitfrage	Beispiel
Beschreibung	Was ist der Fall?	Welche Bedeutung haben Freundschaften für Kinder und Jugendliche?
Erklärung	Aus welchen Gründen ist etwas der Fall?	Welche Bedeutung haben Freundschaften für unbegleitete minderjährige Geflüchtete für die Bewältigung ihrer Fluchterfahrung?
Gestaltung	Welche Maßnahmen sind geeignet, um ein bestimmtes Ziel zu erreichen?	Wie kann Soziale Arbeit die Entwicklung von Freundschaften von unbegleiteten minderjährigen Geflüchteten in stationären Einrichtungen der Kinder- und Jugendhilfe unterstützen?
Kritik/ Bewertung	Wie ist ein bestimmter Zustand vor dem Hintergrund explizit genannter Kriterien zu bewerten?	Inwieweit sind Freundschaften für unbegleitete minderjährige Geflüchtete ein Kinderrecht nach Artikel 31 der UN-Kinderrechtskonvention?
Prognose	Wie wird etwas künftig aussehen? Welche Veränderungen werden eintreten?	Welche Bedeutung hat Freundschaft für die Entwicklung von Jugendlichen? Was ist zu erwarten, wenn Freundschaften nicht gepflegt werden können?

Tabelle 1: Leitfragentypen, eigene Darstellung in Anlehnung an Stickel-Wolf; Wolf (2013).

werden. Lautet die Leitfrage „Welche Bedeutung haben Freundschaften für unbegleitete minderjährige Flüchtlinge für die Bewältigung ihrer Fluchterfahrung?" (Erklärung), kann eine Unterfrage sein „Wie können in stationären Einrichtungen der Jugendhilfe Freundschaften gefördert werden?" (Gestaltung).

Sind Sie inhaltlich zufrieden mit Ihrer Leitfrage, überarbeiten Sie diese sprachlich. Eine gute Leitfrage ist klar und eindeutig formuliert. Packen Sie keine zwei Fragen in eine und vermeiden Sie Füllwörter. Vermeiden Sie geschlossene Fragen, denn nur wenige Fragen lassen sich mit einem einfachen „Ja" oder „Nein" beantworten. Achten Sie darauf, dass sich in Ihrer Frage keine Vorurteile widerspiegeln. Es ist legitim, dass Sie Fragen aus der Beobachtung Ihrer sozialarbeiterischen/sozialpädagogischen Praxis entwickeln, dennoch können Sie nicht wissen, was die Antwort auf Ihre Frage ist (vgl. Kapitel 1). Auch wenn Sie der Überzeugung sind, dass die „Jugendlichen von heute" zu viel Alkohol konsumieren, können Sie nicht wissen, ob dem tatsächlich so ist. Vielleicht konsumieren Jugendliche heute viel weniger Alkohol als früher und vielleicht ist das Konsumieren von Alkohol auch ein Ausdruck einer jugendspezifischen Entwicklungsaufgabe. Auch wenn Sie in Ihrem Praxisfeld beobachten, dass Eltern in der Erziehung ihrer Kinder unsicher sind, können Sie nicht wissen, ob das für alle Eltern gilt. Anders ausgedrückt: Verlieben Sie sich niemals in Ihre These. Fragen Sie nicht „Wie kann Alkoholkonsum von Jugendlichen verhindert werden?", sondern „Welche Bedeutung hat Alkoholkonsum für Jugendliche?" und „Welche Konsequenzen lassen sich daraus für die Soziale Arbeit ziehen?". Fragen Sie nicht, wie Eltern ihre Kinder konsequenter erziehen sollten, sondern inwieweit Konsequenz relevant für die soziale Entwicklung von Kindern ist oder was sich in diesem normativen Konzept widerspiegelt. Versuchen Sie die Leitfrage neutral und ohne Wertung zu formulieren.

Eine gute wissenschaftliche Leitfrage erfüllt folgende Kriterien:
- sie ist offen formuliert
- sie ist klar formuliert
- sie ist mit wissenschaftlichen Methoden beantwortbar
- sie lässt sich einem Fragetyp zuordnen (vgl. Tabelle 1)
- sie beinhaltet einen Gegenstand
- sie ist keine „Warum"-Frage
- sie ist keine Suggestivfrage.

Das genaue Aufschlüsseln der Leitfrage hilft dabei, die Frage präzise zu fassen. In jeder Fragestellung steckt ein Gegenstand. Der Gegenstand lässt sich häufig aus der Leitfrage ableiten, ist aber nicht mit dem Inhalt gleichzusetzen. Der Gegenstand meint das Konzept, das hinter dem Thema liegt, und ist Antwort auf die Frage „Wonach suche ich?". Der Gegenstand weist den Weg zur theoretischen Rahmung. Angenommen die Leitfrage lautet „Welche Bedeutungen haben Freundschaften für unbegleitete minderjährige Flüchtlinge?", so kann der Gegenstand „Lebensbewältigung" oder „Peer-Beziehungen" sein und es kann damit an bestehende Theorien angeknüpft werden. Liegt einer Arbeit die Fragestellung zugrunde, wie Sozialarbeiter*innen mit Gewalterfahrungen in ihrer Arbeit umgehen, so könnte der Gegenstand „Professionelles Handeln" sein, aber ebenso „Macht" oder „Bewältigungs-/Copingstrategien".

Wenn Dozent*innen und Studierende das Gefühl haben, sie reden aneinander vorbei, obwohl das Thema gemeinsam festgesteckt wurde, kann dies daran liegen, dass beide einen anderen Gegenstand im Kopf haben. Wenn Sie den Gegenstand noch nicht klar benennen können, dann kann dies ein Hinweis darauf sein, dass die Leitfrage noch nicht „fertig" ist. Denken Sie dann noch einmal über die Leitfrage und den Gegenstand nach und holen Sie sich ggf. Orientierung in der bereits vorhandenen Literatur.

Mit einer Leitfrage muss man eine Zeit lang schwanger gehen. Bei der Formulierung einer Leitfrage hilft der Austausch mit anderen. Sprechen Sie viel mit Freund*innen und Kommiliton*innen über Ihre Idee. Die Nachfragen helfen Ihnen, Frage und Gegenstand zu präzisieren. Es gehört zum Arbeitsprozess, dass man immer wieder über die Fragestellung nachdenkt, diese verändert, verfeinert oder manchmal ganz verwirft. Änderungen an der Fragestellung können auch noch zu einem späteren Zeitpunkt des Arbeitsprozesses erfolgen. Dies ist nicht als Korrektur eines Fehlers zu verstehen, sondern als Annäherung an den zu untersuchenden Gegenstand oder als dessen weitere Präzisierung und Schärfung. Die Arbeit, die Sie in die Entwicklung der Fragestellung stecken, sparen Sie später wieder ein, weil Sie sich selbst einen ganz klaren Auftrag gegeben haben. Sie wissen, was Sie lesen und was Sie schreiben müssen – nämlich all das, was Ihre Frage beantwortet. Um alles andere Interessante, auf das Sie beim Recherchieren, Lesen und Schreiben zwangsläufig stoßen werden, müssen Sie sich nicht kümmern.

Erst wenn die Leitfrage präzise formuliert wurde und der Gegenstand klar ist, kann man sich für eine Erhebungsmethode entscheiden. Bei einer Literaturarbeit sucht man die Antwort auf die Frage in der Literatur. Man liest dann viele Texte unter dem Fokus der Fragestellung. Auch bei einer empirischen Arbeit müssen Sie sich in das Thema einlesen. Sie erheben dann aber Daten selbst, in denen die Antwort gesucht wird.

• Mit dem kostenlosen Programm „freemind" können Sie Mindmaps am PC erstellen. Sie können das Programm unter http://www.chip.de/downloads/Free Mind_30513656.html herunterladen.

• Viele Hochschulen bieten Schreibwerkstätten und Kolloquien für Abschlussarbeiten an. Hier können Sie gemeinsam mit anderen Studierenden an Ihrer Leitfrage arbeiten.

5.3 Eine Gliederung entwickeln

Wenn Sie sich ins Thema eingelesen haben, müssen Sie die Inhalte strukturieren. Eine Gliederung lässt sich aus der Leitfrage ableiten. Ein größerer Text unterteilt sich in Kapitel. Ein Paper gliedert sich in einige wenige Zwischenüberschriften und Absätze.

Um eine Gliederung zu erstellen, können Sie z. B. Ihre Leitfrage in Unterfragen zergliedern: Fragen Sie sich, welche Fragen in der Leitfrage stecken. Wenn Sie sich im Rahmen Ihrer Arbeit beispielsweise mit der Frage beschäftigen, welche Bedeutung der Diversity-Ansatz in der Schulsozialarbeit hat, müssen Sie erklären, welches Diversity-Konzept Sie Ihrer Arbeit zugrunde legen, mit welchen in der Schulsozialarbeit gearbeitet wird, wie der Diversity-Ansatz in der Schulsozialarbeit umgesetzt werden kann und welche Vor- und Nachteile er hat. Auch hier können W-Fragen, eine Mindmap oder das Clustern von Aspekten hilfreich sein. Aus der Leitfrage lässt sich die Arbeitsgliederung ableiten.

Leitfrage: Welche Bedeutung hat der Diversity-Ansatz in der Schulsozialarbeit am Beispiel der Schulsozialarbeit in der xy-Schule? (insgesamt 40 Seiten)

1 Diversity
   1.1 Welche Diversity-Ansätze gibt es? (4 Seiten)
   1.2 Welchen Diversity-Ansatz greife ich auf? (5 Seiten)

2 Schulsozialarbeit
   2.1 Was ist Schulsozialarbeit? (5 Seiten)
   2.2 Welche Konzepte gibt es in der Schulsozialarbeit? (3 Seiten)
   2.3 Welches Konzept liegt der xy-Schule zugrunde? (3 Seiten)

3 Diversity und Schulsozialarbeit
   3.1 Welche Herausforderungen gibt es in der Schulsozialarbeit in Bezug auf Diversity? (3 Seiten)
   3.2 Beschreibung des Sozialraumes (3 Seiten)
   3.3 Beschreibung der Schüler*innenschaft (3 Seiten)
   3.4 Anfragen an die Schulsozialarbeit in Bezug auf Diversity (3 Seiten)
   3.5 Inwieweit kann Diversity auf diese Herausforderungen Antwort geben? (4 Seiten)
   3.6 Wie kann Diversity in der Schulsozialarbeit konkret umgesetzt werden? (4 Seiten)

Zu Beginn ist die Gliederung eine Arbeitshilfe. Sie ist nicht mit dem Inhaltsverzeichnis gleichzusetzen. Sie arbeiten sich schrittweise an den einzelnen Aspekten einer Fragestellung ab. Zur Orientierung ist es hilfreich, den groben Seitenumfang hinter den einzelnen Kapiteln zu notieren. Sie wissen dann, wie ausführlich ein Thema ungefähr behandelt werden kann und schützen sich vor dem Verzetteln. Wenn Sie beispielsweise in einer Bachelorarbeit 40 Seiten schreiben dürfen, können Sie nicht auf 15 Seiten zum Thema hinleiten. Für das Herzstück der Arbeit, die Beantwortung der Leitfrage, müssen die meisten Seiten eingeplant werden. Als Arbeitshilfe darf die Gliederung sprachlich holprig sein und kann so viele Ebenen enthalten, wie Sie es beim Verfassen der Arbeit für hilfreich erachten. Wenn Sie diese Arbeitshilfe später als Inhaltsverzeichnis nutzen möchten, muss diese überarbeitet werden.

Die Arbeitsgliederung spiegelt die Logik der Argumentationslinie wider. Die Wissenschaft kennt einige idealtypische Argumentationslinien (vgl. Rossig; Prätsch 2010, 76 f.), die bei der Erstellung einer Gliederung unterstützen können:

Ein deduktiver Textaufbau führt vom Allgemeinen zum Besonderen. Die Autor*in dringt immer tiefer zum Gegenstand vor.

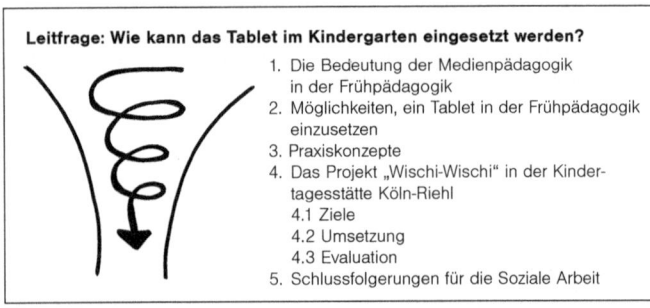

Leitfrage: Wie kann das Tablet im Kindergarten eingesetzt werden?

1. Die Bedeutung der Medienpädagogik in der Frühpädagogik
2. Möglichkeiten, ein Tablet in der Frühpädagogik einzusetzen
3. Praxiskonzepte
4. Das Projekt „Wischi-Wischi" in der Kindertagesstätte Köln-Riehl
   4.1 Ziele
   4.2 Umsetzung
   4.3 Evaluation
5. Schlussfolgerungen für die Soziale Arbeit

Abbildung 5: Deduktiver Textaufbau, eigene Darstellung

Bei einem induktiven Textaufbau gehen Sie genau umgekehrt vor: Sie ziehen aus einem speziellen Fall Schlussfolgerungen auf das Allgemeine. Es wird beispielsweise zunächst ein Fallbeispiel skizziert, um es dann, auf dem Hintergrund einer Fragestellung, zu analysieren.

Leitfrage: Inwieweit beeinflusst die Architektur der Jugendstrafanstalt xy aggressives Verhalten?

1. Die Jugendstrafanstalt xy
   1.1 Falldarstellungen
      1.1.1 Falldarstellung 1
      1.1.2 Falldarstellung 2
   1.2 Architektur der Zellen
   1.3 Architektur der Haftanstalt
2. Entstehung von aggressivem Verhalten
3. Einfluss der Architektur auf aggressives Verhalten
4. Schlussfolgerungen für die Soziale Arbeit

Abbildung 6: Induktiver Textaufbau, eigene Darstellung

Der dialektische Textaufbau folgt der Logik „These – Gegenthese – Synthese". Sie stellen eine Behauptung sowie eine Gegenbehauptung auf und versuchen dann, beide Gegensätze zusammenzubringen. Sie können auch zwei Gegenstände gegenüberstellen, um dann im dritten Teil beide Dinge miteinander in Beziehung zu setzen.

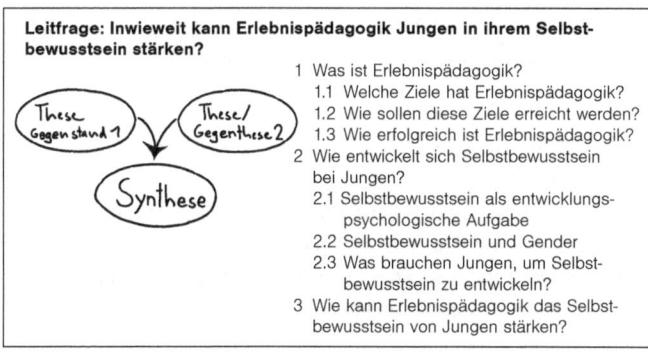

Leitfrage: Inwieweit kann Erlebnispädagogik Jungen in ihrem Selbstbewusstsein stärken?

1 Was ist Erlebnispädagogik?
   1.1 Welche Ziele hat Erlebnispädagogik?
   1.2 Wie sollen diese Ziele erreicht werden?
   1.3 Wie erfolgreich ist Erlebnispädagogik?
2 Wie entwickelt sich Selbstbewusstsein bei Jungen?
   2.1 Selbstbewusstsein als entwicklungspsychologische Aufgabe
   2.2 Selbstbewusstsein und Gender
   2.3 Was brauchen Jungen, um Selbstbewusstsein zu entwickeln?
3 Wie kann Erlebnispädagogik das Selbstbewusstsein von Jungen stärken?

Abbildung 7: Dialektischer Textaufbau, eigene Darstellung

Wenn Sie sich für einen dialektischen Aufbau entscheiden, liegt das Herzstück der Arbeit in der Synthese. Hier beantworten Sie die Fragestellung.

Wenn Sie zwei Dinge miteinander vergleichen wollen, müssen Sie sich zunächst überlegen, nach welchen Kriterien Sie dies tun. Angenommen, Sie vergleichen zwei Konzepte miteinander, dann können

Sie diese z.B. nach ihrem Entstehungskontext, ihren Zielen, dem enthaltenen Menschenbild etc. vergleichen. Es ist wichtig, dass Sie diese Kriterien vorher bestimmen, damit Sie keine Äpfel mit Birnen vergleichen. Es gibt zwei Möglichkeiten des Textaufbaus. Bei der ersten Variante beschreiben Sie zunächst nacheinander jeden Gegenstand nach bestimmten Kriterien und vergleichen anschließend beide miteinander.

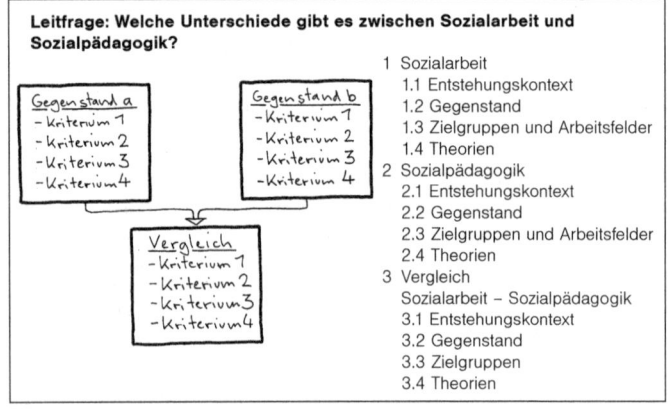

Leitfrage: Welche Unterschiede gibt es zwischen Sozialarbeit und Sozialpädagogik?

1 Sozialarbeit
1.1 Entstehungskontext
1.2 Gegenstand
1.3 Zielgruppen und Arbeitsfelder
1.4 Theorien
2 Sozialpädagogik
2.1 Entstehungskontext
2.2 Gegenstand
2.3 Zielgruppen und Arbeitsfelder
2.4 Theorien
3 Vergleich
Sozialarbeit – Sozialpädagogik
3.1 Entstehungskontext
3.2 Gegenstand
3.3 Zielgruppen
3.4 Theorien

Abbildung 8: Vergleichender Textaufbau nach Gegenständen, eigene Darstellung

Bei dieser Art des Textaufbaus haben Sie drei sehr große Kapitel. In den ersten zwei Kapiteln wird hauptsächlich deskriptiv gearbeitet. Das dritte Kapitel ist analytisch, hier liegt die Eigenleistung der Arbeit. In diesem Kapitel greifen Sie auf Erkenntnisse der anderen beiden Kapitel zurück.

Die zweite Variante ist, eine vergleichende Arbeit nicht nach Gegenständen, sondern nach Kriterien aufzubauen. Sie beschreiben dann in jedem Kapitel beide Gegenstände nach einem bestimmten Kriterium und vergleichen diese. Im Abschlusskapitel bringen Sie dann die einzelnen Kapitel zusammen und versuchen eine Antwort auf Ihre Fragestellung zu finden.

Inhaltlich gibt es keinen Unterschied zwischen einem Vergleich nach Gegenständen oder Kriterien. Beim Vergleich nach Kriterien verteilt sich die Analyse jedoch auf mehrere Kapitel, während sie beim Vergleich nach Gegenständen im Schlusskapitel steht. Welcher Weg der bessere ist, hängt von der Fragestellung, aber auch von der persönlichen Arbeitsweise ab.

Wenn Sie ein Konzept entwickeln möchten, kann die sogenannte Problemlöseformel eine gute Folie für einen Textaufbau sein. Sie schildern zunächst das Problem und analysieren anschließend die Gründe, die zur Entstehung des Problems führen. Sie formulieren dann einen „Soll-Zustand". Auch das Soll darf nicht einfach ihre Meinung widerspiegeln, sondern wird aus den Theorien der Sozialen Arbeit abgeleitet, beispielsweise aus ihrer Ethik oder dem Recht.

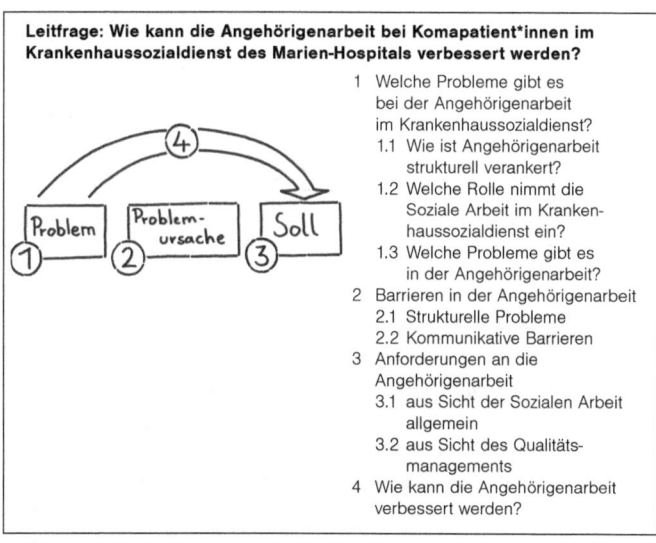

Leitfrage: Wie kann die Angehörigenarbeit bei Komapatient*innen im Krankenhaussozialdienst des Marien-Hospitals verbessert werden?

1 Welche Probleme gibt es bei der Angehörigenarbeit im Krankenhaussozialdienst?
  1.1 Wie ist Angehörigenarbeit strukturell verankert?
  1.2 Welche Rolle nimmt die Soziale Arbeit im Krankenhaussozialdienst ein?
  1.3 Welche Probleme gibt es in der Angehörigenarbeit?
2 Barrieren in der Angehörigenarbeit
  2.1 Strukturelle Probleme
  2.2 Kommunikative Barrieren
3 Anforderungen an die Angehörigenarbeit
  3.1 aus Sicht der Sozialen Arbeit allgemein
  3.2 aus Sicht des Qualitätsmanagements
4 Wie kann die Angehörigenarbeit verbessert werden?

Abbildung 9: Textaufbau nach der Problemlöseformel, eigene Darstellung

Texte, die nach der Problemlöseformel aufgebaut sind, haben einen hohen analytischen Anteil: Die Autor*in muss viel analysieren und schlussfolgern und bleibt nur bei der Problembeschreibung deskriptiv.

Der Textaufbau mit der „Viersatzmethode" eignet sich, wenn Sie lieber mit Thesen als mit Leitfragen arbeiten. Sie stellen eine These

voran und versuchen dann durch Argumente und Beweise zu analysieren, inwieweit die These zutrifft. Beweise entnehmen Sie aus
einschlägiger Literatur und Studien. Argumente spiegeln Ihre eigene
Begründung wider und kommen besonders dann zum Einsatz, wenn
die Literatur an dieser Stelle Lücken aufweist. Die Arbeit schließt mit
den Schlussfolgerungen für die Soziale Arbeit.

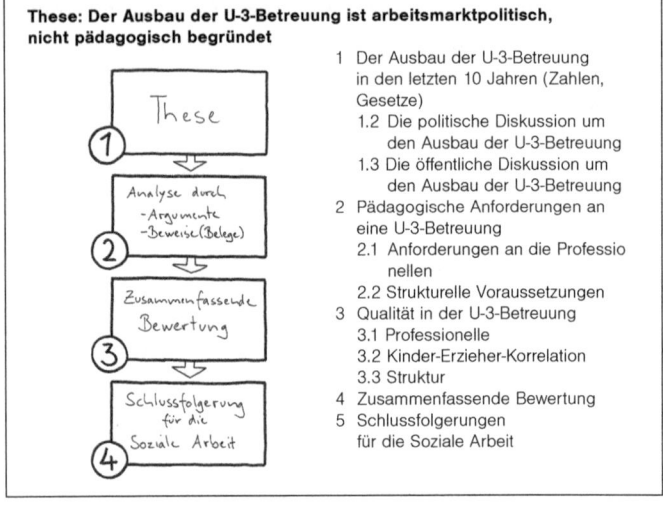

Abbildung 10: Textaufbau nach dem Viersatz, eigene Darstellung

Die hier beispielhaft vorgestellten Folien für den Textaufbau sind
als Anhaltspunkte zu verstehen, falls Sie mit der Ausarbeitung der
Arbeitsgliederung nicht so recht weiter kommen. Selbstverständlich
können Sie auch einen eigenen Aufbau entwickeln – er muss sich
aber logisch und stringent aus Ihrer Leitfrage ableiten.

Die Gliederung und die Leitfrage sind eine große Hilfe beim fo-
kussierten Lesen. Sie können Ihre Literaturrecherche nun gezielt be-
treiben und müssen nur noch die Texte lesen, die Sie zum Schreiben der einzelnen Kapitel benötigen. Wenn Sie eine Abschlussarbeit
schreiben, sollten Sie ein Exposé erstellen und dies mit Ihrer betreuenden Dozent*in absprechen.

5.4 Das Exposé

Sie haben nun eine Leitfrage entwickelt und den Forschungsgegenstand benannt. Sie haben darüber hinaus die Methode zur Beantwortung der Leitfrage bestimmt, nach geeigneter Literatur recherchiert und eine erste Gliederung formuliert. Wenn Sie ein Exposé erstellen, fassen Sie all diese Schritte noch einmal übersichtlich zusammen. Ein Exposé enthält einen vorläufigen Arbeitstitel der Arbeit, eine kurze Zusammenfassung des aktuellen Forschungsstandes und die Leitfrage, die an diesen Forschungsstand anknüpft. Wenn Sie den Forschungstand noch nicht überblicken können, beschreiben Sie, welche Probleme sich hinsichtlich Ihres Themas stellen und weshalb das Thema relevant für eine wissenschaftliche Auseinandersetzung im Rahmen Ihrer Arbeit ist. Machen Sie transparent, wie Sie die Forschungsfrage bearbeiten möchten: Handelt es sich um eine Literaturarbeit oder eine empirische Arbeit? Bei Letzterer muss genauer auf die Methodik eingegangen werden. Skizzieren Sie eine erste Arbeitsgliederung und geben Sie einen ersten Überblick über die Literatur, die Sie verwenden möchten.

Arbeitstitel
1 Problemstellung/Aktueller Forschungsstand
2 Leitfrage, die sich aus dem Forschungsstand ergibt
3 Methoden zur Beantwortung der Frage
4 Erste Arbeitsgliederung
5 (Vorläufige) Literaturliste

Ein Exposé erfüllt drei Aufgaben (Vedral 2016):
1. Eine nach innen gerichtete Funktion: Reflexionsfunktion
   Vor Beginn einer Arbeit hilft das Exposé der Autor*in, das eigene Vorgehen zu reflektieren und ggf. zu verändern. Es zwingt die Verfasser*in, sich über die Fragestellung, den Gegenstand und die Struktur der Arbeit Klarheit zu verschaffen.
2. Eine nach außen gerichtete Funktion: Korrektivfunktion
   Das Exposé informiert die betreuende Dozent*in über das geplante Vorhaben. Auf diese Weise wird es möglich, für das weitere Vorgehen Rat und Kritik sowie Unterstützung einzuholen. Ihre Do-

zent*in kann Ihnen hierdurch frühzeitig eine Rückmeldung geben, wenn die Leitfrage beispielsweise zu groß ist, wichtige Literatur nicht aufgeführt wurde oder die Gliederung Lücken aufweist.

3. Eine Planungs- und Kontrollfunktion: Projektmanagementfunktion
Das Exposé ist auch ein Projektplan, der die Anleitung für alle weiteren Arbeitsschritte vorgibt. Das Exposé ist weiterhin der Bauplan für die Strukturierung des Textes. Mit einem Zeitplan – z. B. in Form von Meilensteinen, die in bestimmten Zeitabschnitten erreicht werden sollen – wird das Exposé auch ein Kontrollinstrument für den Fortgang der Arbeit. Ein Zeitplan empfiehlt sich insbesondere für empirische Arbeiten und für Masterarbeiten. Er ist aber nicht zwingend notwendig.

Es ist ganz normal, dass man die Leitfrage noch einmal ändert, Gliederungspunkte hinzufügt oder streicht. Auch die Literaturliste wird weiter wachsen. Wenn sich an der Arbeit etwas grundlegend ändert, sollten Sie auch das Exposé korrigieren und die betreuende Dozent*in darüber informieren.

Viele gute Hinweise zum Verfassen eines Exposés finden Sie auf den Seiten der Universität Bielefeld unter:
www.uni-bielefeld.de/ew/scs/pdf/leitfaeden/studierende/expose.pdf

6. WISSENSCHAFTLICH SCHREIBEN

Wissenschaftliche Texte sind im Idealfall spannend und verständlich geschrieben. Sie sind orthographisch und grammatikalisch fehlerfrei und sauber formatiert. In diesem Punkt unterscheiden sich wissenschaftliche und literarische Texte nicht. Wissenschaftliche Texte müssen sprachlich so präzise sein, dass sie keinen Raum für Missverständnisse lassen. Grundlegend sind außerdem die sprachliche Stringenz und eine überzeugende Argumentation. Vor allen Dingen muss in wissenschaftlichen Texten transparent sein, auf welchem Weg Erkenntnisse gewonnen und auf welche Autor*innen dabei Bezug genommen wurde. Nicht nur in den Sozialwissenschaften sollten Sie Texte geschlechtsneutral verfassen.

Auf alle diese Techniken wird im Folgenden eingegangen. Wir beschreiben zunächst die Grundlagen des wissenschaftlichen Schreibens: Sie beinhalten die Entwicklung einer eigenen, logischen Textstruktur vor dem Schreiben, die korrekte Angabe von Quellen und stilistische Vorgaben. Anschließend gehen wir auf verschiedene Möglichkeiten zum geschlechtsneutralen Schreiben ein. Das Kapitel schließt mit einigen Tipps zur sprachlichen Überarbeitung des Textes. Schreiben ist ein Prozess: Sie werden den Text immer wieder überarbeiten und von anderen überarbeiten lassen.

6.1 Einen Text aufbauen

Nur sehr wenige Menschen schaffen es, einen Gedankengang sofort aufs Papier zu bringen. Das ist in der Wissenschaft besonders schwer, weil der Text logisch, stringent und argumentativ überzeugend sein muss. Eine Textstrukturskizze hilft dabei, einen Text aufzubauen und Wichtiges von Unwichtigem zu trennen. Sie unterstützt dabei, sich von den gelesenen Quellen zu lösen und einen eigenständigen Text zu verfassen.

Genauso, wie der gesamten Arbeit eine Fragestellung zugrunde liegt, so beantwortet auch jedes Kapitel einen Teilaspekt dieser Fragestellung. Angenommen, eine Arbeit soll die Frage beantworten, wie sich ein Jugendverband zu einem inklusiven Jugendverband entwickeln kann, so wird sich eines der einleitenden Kapitel mit der Frage beschäftigen, was unter Inklusion verstanden wird. Sie zergliedern dann diese Frage in Unterfragen und bringen die Kernaussagen in eine logische Reihenfolge. Dies können Sie beispielsweise in einer Textstrukturskizze visualisieren.

Je feinmaschiger Sie eine Textstrukturskizze aufbauen, desto einfacher ist es, den Text zu schreiben, weil der Text dann nur noch in das Gerüst einfließt. Achten Sie darauf, dass sich die Fragstellung des Kapitels tatsächlich auf die Leitfrage Ihrer Arbeit bezieht und streichen Sie in der Textstrukturskizze alles, was die Frage des Kapitels nicht beantwortet. So entwickeln Sie nach und nach den roten Faden des Kapitels.

Erst nachdem Sie die Textstrukturskizze des Kapitels erstellt haben, beginnen Sie mit dem Schreiben. Konzentrieren Sie sich in diesem ersten Schritt nicht auf den Stil Ihres Textes, sondern auf den Inhalt. Der erste Rohentwurf wird sprachlich holpern und poltern. Später überarbeiten Sie den Text dann auf Korrektheit, Verständlichkeit und Wissenschaftlichkeit.

Wenn Sie eine wissenschaftliche Arbeit schreiben, dann ist die Versuchung groß, alles zu schreiben, was Sie über das Thema wissen. Der rote Faden geht dann allerdings meist verloren. Wenn Sie sich schwertun, Wichtiges von Unwichtigem zu trennen, kann es helfen, zunächst einmal alle Gedanken niederzuschreiben und erst in

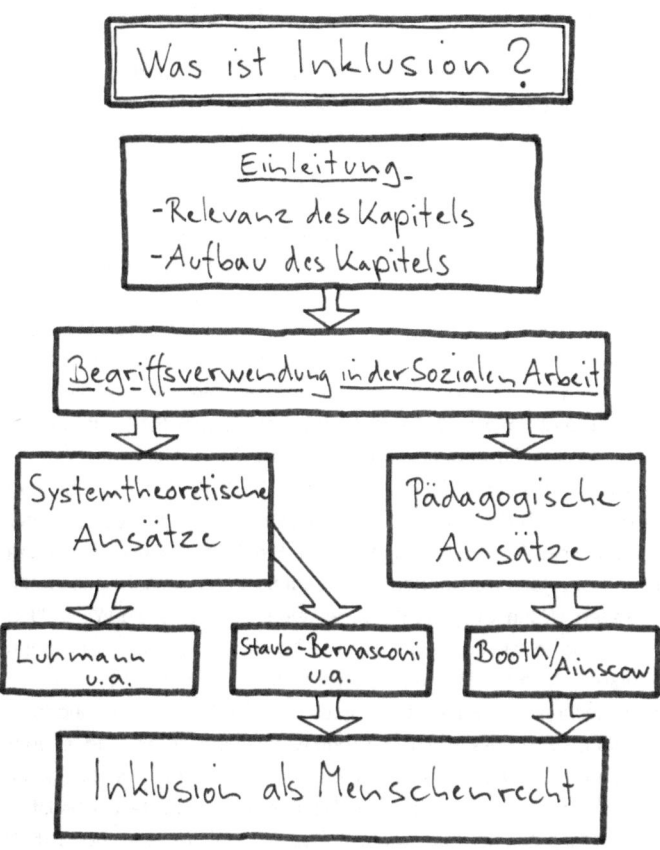

Abbildung 11: Textstrukturskizze, eigene Darstellung.

einem zweiten Schritt zu streichen. Die gestrichenen Stellen können Sie dann in ein neues Dokument kopieren, sodass sie nicht verloren sind, sollten sich diese Gedanken doch noch einmal als wichtig erweisen.

6.2 WISSENSCHAFTLICHE STANDARDS

Als Nächstes überarbeiten Sie Ihren Text hin auf grundlegende, wissenschaftliche Standards. Überprüfen Sie zunächst, ob alle Begriffe definiert sind. Gehen Sie nicht davon aus, dass Leser*innen wissen, was Sie meinen. Leser*innen beurteilen Begriffe auf der Grundlage ihrer eigenen Erfahrungen, Ihre Grundlagen kennen sie nicht. Deshalb sind wissenschaftliche Texte präzise geschrieben. Dazu gehört die Verwendung von Fachbegriffen. Schreiben Sie beispielsweise nicht von „Ausländern" (es sei denn, Sie meinen Männer ohne deutschen Pass), wenn Sie eigentlich Menschen mit Migrationserfahrung meinen. Wenn Sie Begriffe definieren, nutzen Sie dazu nicht den Duden oder das Internet, sondern recherchieren Sie in einschlägigen Handbüchern und Fachlexika (vgl. Kapitel 3.1). Oft werden mehrere Begriffe nebeneinander benutzt. Entscheiden Sie sich für den passenden Begriff und begründen Sie Ihre Wahl. Definitionen selbst zu „erfinden", ist nur dann legitim, wenn es in der Literatur keine passende Definition gibt. Führen Sie dann aus, warum Sie den Begriff wie folgt verwenden. Fachbegriffe beruhen auf bestimmten Theorien. Wenn Sie einen Text an eine Theorie anbinden, sollten Sie in der Terminologie der Theorie bleiben. Begriffe werden dann definiert, wenn Sie im Text zum ersten Mal genannt werden. Schreiben Sie beispielsweise über Gesundheitsförderung von Jungen in der Kita, so wird es in dieser Arbeit wahrscheinlich ein Kapitel über Gesundheitsförderung geben. In diesem Kapitel definieren Sie dann, was Sie meinen, wenn Sie von „Gesundheit" und „Gesundheitsförderung" sprechen. Ein eigenes Kapitel „Definitionen" der Arbeit voranzustellen, in denen diese unsystematisch aneinandergereiht werden, ist unüblich.

Schauen Sie sich beim ersten Korrekturlesen und dem Überarbeiten des Textes alle Begriffe noch einmal genau an. Fragen Sie sich, ob das Wort wirklich das treffende ist oder ob nicht Klischees und Vorurteile mitschwingen. Der Begriff „ausländische Mitbürger*innen" unterstellt beispielsweise, dass Ausländer*innen andere Bürger*innen seien als Deutsche. Die Begriffe „Klient*in", Adressat*in" und „Kund*in" benennen die Zielgruppe der Sozialen Arbeit. Sie stammen aber aus unterschiedlichen Theorietraditionen, meinen nicht das Gleiche und können nicht synonym verwendet werden.

Wenn Sie in einer Arbeit schreiben, was Sie meinen, dann ist dies erst einmal eine Behauptung, die Sie weiter untermauern müssen. Wissenschaft nimmt nichts als gegeben hin, sondern stellt alles in Frage (vgl. Kapitel 1). Deshalb müssen Sie Behauptungen oder Thesen belegen. Wenn Sie Ihre Ausführungen mit Quellen belegen, so wird dies im Text durch einen Quellenverweis kenntlich gemacht (vgl. Kapitel 6.5). Sollten Sie keinen Beleg für eine These finden, so muss dies argumentativ begründet werden. Angenommen Sie schreiben eine Arbeit über Sprachförderung in Kitas und stellen die These auf, dass Sprachtests Kinder aus bestimmten Milieus benachteiligen. Diese These müssen Sie im Folgenden begründen, beispielsweise damit, dass die im Test gestellten Fragen aus der Lebenswelt eines bestimmten Milieus stammen. Wenn Sie einen argumentativen Beleg anführen, sollten Sie dies sprachlich vorsichtig formulieren. Schreiben Sie beispielsweise, dass „die Vermutung naheliegt, dass Kinder aus bestimmten Milieus benachteiligt werden, weil die Beispiele überwiegend aus der Lebenswelt des bürgerlichen Milieus stammen".

Argumente, die Sie selbst formulieren, um eine These zu stützen, werden nicht mit einem Quellenverweis versehen, da der Gedanke von Ihnen selbst stammt. In der deutschsprachigen Wissenschaft ist es unüblich, die „Ich-Form" zu verwenden. Sie schreiben beispielsweise nicht „ich folgere daraus, dass ...", sondern nur „daraus kann gefolgert werden, dass ...", weil klar ist, dass der Gedanke von Ihnen ist, wenn keine Quellenangabe folgt. Wenn Sie häufig „ich" verwenden, so macht dies den Eindruck, etwas sei lediglich Ihre Meinung und nicht Ergebnis einer wissenschaftlichen Analyse.

Wenn wissenschaftliche Sprache immer eine präzise Sprache ist, dann ist eine geschlechtergerechte Sprache ein Bestandteil wissenschaftlicher Sprache.

6.3 GESCHLECHTERGERECHTE SPRACHE

Bitte versuchen Sie folgendes Rätsel zu lösen:

> Ein Mann fährt mit seinem Sohn zum Fußball. Sie sind in Eile. Auf einem Bahnüber-
> gang würgt der Vater das Auto ab. Ein Zug naht. Der Vater kann das Auto nicht
> mehr rechtzeitig starten, der Zug erfasst das Auto und wird durch die Gegend
> geschleudert. Der Vater stirbt noch an der Unfallstelle. Der Sohn wird schwer-
> verletzt ins Krankenhaus gebracht. Der Chirurg eilt in den OP-Saal, schaut den
> Sohn erschrocken an und sagt: „Ich kann nicht operieren, dies ist mein Sohn"
> (Grabrucker 1993.)

Wenn wir dieses Rätsel Studierenden im Seminar stellen, kommen
sie zu den unterschiedlichsten Vermutungen, beispielsweise, dass
es sich um eine Regenbogenfamilie handelt, oder dass der Sohn
einen Zwillingsbruder hat. Die Lösung ist jedoch ganz einfach: Bei
dem Chirurg handelt es sich um eine Chirurgin. Dieses Beispiel
zeigt, welches Bild in Köpfen entsteht, wenn ausschließlich die
männliche Form gewählt wird. Wenn auf einer Tagung ein Professor angekündigt wird, ist es nicht weiter schlimm, wenn eine Frau
kommt – erwartet haben die meisten Teilnehmenden aber vermutlich
einen Mann. Sprache konstruiert die Wirklichkeit in unseren Köpfen
und diese bedingt unser Handeln. Wer in der Jugendarbeit Tänzer
für ein Musical sucht, braucht sich daher nicht zu wundern, wenn
sich kaum Frauen melden. Mit einer geschlechtergerechten Sprache
spricht man Männer und Frauen gleichermaßen an. In der deutschen
Sprache spiegelt sich eine Geschlechterhierarchie wider. Eine Gruppe von männlichen Studierenden wird „Studenten" genannt, eine
Gruppe von weiblichen Studierenden „Studentinnen". Kommt nur ein
Mann zu der Gruppe der Studentinnen hinzu, so wird sie „Studenten"
genannt. Geschlechtergerechte Sprache versucht diese Asymmetrie
aufzuheben.

Der Leitfaden der Gleichstellungsbeauftragten der Universität zu
Köln (2013) unterscheidet zwei Strategien für eine geschlechtersensible und inklusive Sprache: erstens das Sichtbarmachen von Geschlecht und zweitens das Neutralisieren.

Bei der genderneutralen Formulierung wird versucht, besonders
Personenbezeichnungen zu neutralisieren. Dies geschieht meist

durch so genannte substantivierte Adjektive. So wird aus „Studenten" „Studierende" und aus „Mitarbeitern" „Mitarbeitende" etc. Genderspezifische Personenbeschreibungen werden beispielsweise durch „wer", „alle", „niemand" oder „jemand" ersetzt. Aus „Studenten, die sich noch zur Prüfung anmelden müssen ..." wird dann „wer sich noch zur Prüfung anmelden muss ..." oder „alle, die sich noch zur Prüfung anmelden müssen". Auch die Ableitung auf „-ung" (Berater – Beratung), „-ion" (der Redakteur – die Redaktion) und „-kraft" (der Lehrer – die Lehrkraft) neutralisiert das Geschlecht. Das Neutralisieren des Geschlechts ist sprachlich nicht immer einfach und erfordert an manchen Stellen sprachliches Geschick und Kreativität. Eine Studie der Universität Göttingen (Heise 2000) zeigt weiterhin, dass sich bei der Neutralisierung eher Männer als Frauen angesprochen fühlen.

Will man beide Geschlechter sichtbar machen, so können
• beide Geschlechter vollständig genannt werden („Studentinnen und Studenten"),
• beide Geschlechter durch einen Querstrich benannt werden („ein/eine Student/Studentin oder ein/e Student/in") oder
• beide Geschlechter durch das „Binnen-I" genannt werden („StudentIn").

Das Schreiben mit dem Querstrich ist nur für kürzere Texte zu empfehlen, weil die Anpassung der Artikel die Lesbarkeit erschwert. Bei der Schreibweise mit Binnen-I ersetzt das große I den Schrägstrich. Bei den Artikeln wird nun entweder nur der weibliche Artikel gewählt („die StudentIn") oder der letzte Buchstabe groß geschrieben, um zu zeigen, dass Frauen und Männer gemeint sind (einE StudentIn).

Aber auch diese Schreibweise basiert auf einer Zweiteilung (Dichotomie): In dieser Vorstellung sind Menschen entweder Frauen oder Männer. Sie ignoriert, dass soziales Geschlecht (gender) ein soziales Konstrukt ist, zu dem sich Menschen zuordnen und zugeordnet werden. Menschen, die sich keinem der beiden Geschlechter zuordnen wollen oder können, bleiben unbeachtet. Heinz-Jürgen Voß (2011) macht darauf aufmerksam, dass selbst das biologische Geschlecht nicht eindeutig ist. Das Schreiben mit dem Gender-Gap oder dem Gender-Sternchen geht von einer Vielzahl geschlechtlicher Identitäten aus. Beim Gender-Gap stellt ein Unterstrich alle Geschlechter zwischen männlich und weiblich dar (Student_innen). Beim Gender-Sternchen wird statt dem Unterstrich ein „*" gesetzt (Student*innen). Aber auch diese Schreibweisen sind in die Kritik geraten, da sie alle Geschlechtsidentitäten, die sich weder dem weiblichen noch dem männlichen zuordnen lassen, unter einem einzigen Zeichen subsumieren. Gendersternchen und Gender-Gap sind für Menschen mit einer Sehbehinderung eine Barriere, weil sie im Gegensatz zum Binnen-I nicht von der unterstützenden Software erkannt werden können. Geschlechtergerechte Sprache ist also kein fertiges Rezept, sondern spiegelt den wissenschaftlichen Diskurs um Geschlechteridentitäten wider. Als Sozialwissenschaftler*innen sollten Sie sich mit diesem Diskurs auseinandersetzen und Ihre eigene Position und Schreibweise finden. Für welche Schreibweise Sie sich aus welchen Gründen entscheiden, machen Sie in der Einleitung Ihrer Arbeit transparent.

Auch inhaltlich sollten Texte auf Normalitätsvorstellungen hin überprüft werden. So wird in Beispielen häufig „der Vermieter" aber nicht „die Vermieterin" genannt oder „der Arzt" und „die Krankenschwester". Auch wird Familie häufig noch als „Vater-Mutter-Kind" gedacht, auch wenn viele Familienformen sich nicht darunter wiederfinden. Überprüfen Sie Ihre Texte kritisch in Hinblick auf Geschlechterstereotypen und suchen Sie nach dem passenden Wort.

> Viele Hochschulen haben eigene Leitfäden zur Verwendung geschlechtergerechter Sprache herausgegeben – recherchieren Sie dazu an Ihrer Hochschule.

6.4 KLAR UND VERSTÄNDLICH SCHREIBEN

Sie haben nun den ersten Entwurf eines Textes, dem eine klare Argumentation zu Grunde liegt und der Belege zu anderen Quellen enthält. Der Text ist in einer gendergerechten Sprache verfasst. Stilistisch ist dieser Text jedoch noch ungeschliffen. Um einen guten Text zu verfassen, müssen Sie keine Literat*in sein. Schreiben ist eine Technik, die Sie erlernen können. Allen Vorurteilen zum Trotz ist ein guter wissenschaftlicher Text ein klarer und verständlicher Text.

Dass wissenschaftliche Texte eher als schwer lesbar gelten, sollte der inhaltlichen Komplexität, nicht der Sprache geschuldet sein.

In diesem Kapitel geben wir Ihnen einige nützliche Tipps, die Ihnen das Schreiben erleichtern. Diesen Tipps liegen zwei Strategien zugrunde: erstens das verständliche Formulieren und zweitens das Streichen aller überflüssigen Ausführungen.

Gewöhnen Sie sich an, Texte in Hinblick auf die folgenden Hinweise zu überarbeiten, so werden Sie Ihre Schreibkompetenz schnell verbessern. Darüber hinaus gibt es eine Vielzahl empfehlenswerter Übungsliteratur und Trainings, auf die wir am Ende dieses Kapitels hinweisen. Es lohnt sich, die Schreibkompetenz zu trainieren, weil Sie nicht nur im Studium viel schreiben müssen. Auch in der Praxis der Sozialen Arbeit formulieren Sie Projektanträge, Konzeptionen oder Presseerklärungen.

- Schreiben Sie Ihre Arbeit in der Gegenwart. Das liest sich gut und erspart viel Arbeit. Auch Studien, die vor einigen Jahren erschienen sind, können im Präsens zitiert werden. Das Schreiben im Präsens ist einfacher, weil Sie dann nicht die Vorvergangenheit nutzen müssen, wenn Sie sich auf Ereignisse beziehen, die noch vor dem genannten Beispiel lagen. „In den 70er Jahren wendet sich die Soziale Arbeit zunehmend marxistischen Theorien zu, während die Soziale Arbeit in der Nachkriegszeit eher auf psychologische Ansätze fokussiert ist" ist viel einfacher zu formulieren als: „In den 70er Jahren wandte sich die Soziale Arbeit zunehmend marxistischen Ansätzen zu, während die Soziale Arbeit in der Nachkriegszeit eher psychologische Theorien fokussiert hatte."

- Auch die sogenannte Nominalisierung von Verben macht einen Text unnötig kompliziert. „Die Entstehung von Kinderarmut begründet sich in der politischen Benachteiligung von Familien, deren Erziehungsleistung keine angemessene Berücksichtigung finden." Dieser Satz hört sich schlau an, ist aber nur schwer verständlich. Nominalisierte Verben blasen einen Text unnötig auf. Das Verb ist die Königin des Satzes. Benutzen Sie das Verb, wann immer es geht. Der oben genannte Satz lautet dann: „Kinderarmut entsteht, weil Familien politisch benachteiligt und ihre Erziehungsleistungen nicht angemessen berücksichtig werden."

- Ähnlich aufgeblasen klingt ein Text, der zum größten Teil im Passiv geschrieben wird. Dies ist in wissenschaftlichen Arbeiten nicht unüblich. Allerdings sollten Sie das Passiv immer dann vermeiden, wenn es Verantwortlichkeiten verschleiert. Wenn Sie zum Beispiel schreiben: „In der Schule werden Kinder mit sogenannten Teilleistungsstörungen häufig diskriminiert", dann bleibt offen, wer diskriminiert: Die Lehrer*innen, die Mitschüler*innen, die Eltern der Mitschüler*innen oder das Schulgesetz? Deshalb ist es wichtig, die Verwendungen des Passivs zu überprüfen.
- Vermeiden Sie zudem sehr lange Sätze. Mehr als die Hälfte aller Erwachsenen können einen Satz mit mehr als 14 Wörtern nicht verstehen. Akademiker*innen können Sie bis zu 25 Wörter zumuten (vgl. Schneider 2001, S. 89ff.). Besonders angenehm liest sich ein Text, wenn sich mäßig lange mit mäßig kurzen Sätzen abwechseln. Schachtelsätze sind nicht nur schwer zu lesen, sondern auch schwierig zu formulieren. Deshalb schleichen sich bei sehr langen Sätzen schnell Grammatikfehler ein. Lesen Sie die erste Version Ihres Textes noch einmal durch: Schauen Sie, welche Sätze Sie „zerschlagen" können.

Dies ist ein Beispiel für einen sehr langen Satz:

> „Der Capability-Ansatz, für die Soziale Arbeit besonders von Hans-Uwe Otto und Holger Ziegler aufgearbeitet, setzt in seinen Mittelpunkt, in Bezugnahme auf die Liste des guten Lebens der Philosophin Martha Nussbaum, die Befähigung der Menschen, ein solches auch zu führen, wobei sich diese Befähigung auf das Individuum und die Gesellschaft gleichermaßen bezieht". *Wenn Sie diesen Satz in mehrere Sätze zerschlagen, klingt es so:* „Der Capability-Ansatz wurde für die Soziale Arbeit besonders von Hans-Uwe Otto und Holger Ziegler aufgearbeitet. Dieser Ansatz bezieht sich auf die Liste des guten Lebens der Philosophin Martha Nussbaum. Die Menschen sollen befähigt werden, ein solches auch zu führen. Diese Befähigung bezieht sich gleichermaßen auf das Individuum und die Gesellschaft."

- Weiterhin gehört in Ihren Text nur das, was Sie verstanden haben. Wenn Sie sich intensiv mit einer Theorie auseinandergesetzt haben und alles außer einen Teilaspekt verstehen, ist die Versuchung groß, diesen unverstandenen Teil einfach durch Übernahme einzelner Textpassagen in Form von wörtlichen Zitaten oder Paraphrasen (vgl. Kapitel 6.7) zu füllen. Unterliegen Sie diesem Reiz nicht. In einem selbst verfassten Text fallen solche Sätze stilistisch und häufig auch inhaltlich immer aus dem Rahmen. Man kann nur das formulieren, was man selbst verstanden hat. Lesen Sie die fertige Arbeit kritisch durch: Haben Sie wirklich immer alles verstanden, was Sie geschrieben haben? Streichen Sie alle Sätze, die Sie nicht verstehen und/oder schreiben Sie diese neu.

- Wenn es Ihnen dennoch sehr schwerfällt, einen komplizierten Sachverhalt zu beschreiben, versuchen Sie diesen zu visualisieren. Erstellen Sie eine Graphik, eine Abbildung oder eine Tabelle. Eine Visualisierung vereinfacht der Leser*in das Lesen. Für die Schreiber*in ist sie eine wichtige Stütze im Schreibprozess, weil sie sich in Ihren Ausführungen an der Graphik orientieren kann.

- Auf der Suche nach der richtigen Formulierung können auch Formulierungshilfen nützlich sein. Hinweise hierzu finden Sie am Ende des Kapitels. Nutzen Sie diese besonders zu Beginn Ihres Studiums. Später werden Sie diese dann nicht mehr brauchen.

- Mindestens genauso wichtig wie das Formulieren ist das Streichen von nicht notwendigen Stellen. Ein wissenschaftlicher Text spiegelt nicht alles wider, was Sie zum Thema wissen. Um einen roten Faden herauszuarbeiten, überprüfen Sie Ihren Text immer wieder an der Leitfrage der Arbeit und den Unterfragen der einzelnen Kapitel. Alles, was nicht wichtig für die Beantwortung dieser Fragen ist, gehört leider nicht in den Text. Legen Sie für gekürzte Stellen ein separates Dokument an, in das Sie die aussortierten Stellen hineinkopieren. So können Sie auf diese Textstellen im Zweifelsfall wieder zurückgreifen.

- Schließlich sollten Sie alle Füllwörter streichen. Worte und Sätze in wissenschaftlichen Arbeiten transportieren Inhalte. Füllwörter, Sätze und Satzteile, die inhaltsleer („also", „nämlich", „eigentlich", „nun", etc.), unwichtig oder wiederholend sind, werden gestrichen. Streichen Sie auch alle überflüssigen Adjektive und besonders Superlative. Da in einer wissenschaftlichen Arbeit alles begründet werden muss, begeben Sie sich mit dem Superlativ auf dünnes Eis. Nur selten kann man begründen, warum eine Erkenntnis „die wichtigste" ist – dass sie wichtig ist, steht hingegen außer Frage. Das etwas von „großem Nutzen" ist, ist unstrittig, dass etwas „den größten Nutzen hat", hingegen nicht.

- Eine saubere Arbeit ist grammatikalisch und orthographisch korrekt. Aktivieren Sie deshalb immer die automatische Rechtschreibfunktion Ihres Textverarbeitungsprogramms. Ein Rechtschreibwörterbuch gehört genauso zum Werkzeug wie ein Fachlexikon. Leider gibt es keine Software, die Zeichensetzung zuverlässig überprüft. Wenn Sie sehr unsicher in Zeichensetzung und Rechtschreibung sind, besuchen Sie entsprechende Kurse, die häufig von den Hochschulen, den Studierendenwerken oder von Trägern der Erwachsenenbildung angeboten werden.

- Auch wenn Sie noch so geübt und sorgfältig sind: Ab einem bestimmten Punkt sehen Sie die eigenen Fehler im Text nicht mehr. Deswegen sollten Sie den Text von mindestens zwei Personen Korrektur lesen lassen: eine Person, die nur auf Rechtschreibung sowie Grammatik prüft, und eine weitere, die beurteilt, ob der Text verständlich und wissenschaftlich ist.

Vertiefend dazu:

- Schneider, Wolf (2001): Deutsch für Profis. Wege zu gutem Stil. München. (Hinweis: Sehr gut lesbares Buch mit vielen Tipps, stilistisch gute Texte zu verfassen.)
- Esselborn-Krumbiegel, Helga (2016): Richtig wissenschaftlich schreiben. 4. Aufl., Paderborn.
- Beinke, Christiane (2012): Die Seminararbeit. Schreiben für den Leser. 2. Aufl., Konstanz.
- Staaden, Steffi (2015): Rechtschreibung und Zeichensetzung endlich beherrschen. Regeln und Übungen. Paderborn.
- Mit dem „blablameter" (www.blablameter.com) können Sie einen Text ganz einfach auf sprachliche Stringenz überprüfen.
- Formulierungshilfen stellt beispielsweise die Pädagogische Hochschule Freiburg zur Verfügung (https://www.ph freiburg.de/fileadmin/dateien/zentral/schreibzentrum/typo3content/Lehre_SS13/Redemittel_f%C3%83_r_schriftliche_wissenschaftliche_Texte.pdf) oder die TH Darmstadt (http://www.owl.tu darmstadt.de/media/owl/materialien___tipps/Formulierungshilfen_fuer_das_wissenschaftliche_Schreiben.pdf).
- Die Universität Duisburg-Essen bietet online einen Schreibtrainer an: (https://www.uni-due.de/schreibwerkstatt/trainer/trainer/start.html).
- Bilden Sie Netzwerke zum gegenseitigen Korrekturlesen. Wenn Sie dazu keine Zeit haben, können Sie auch professionelle Lektorate nutzen, die aber kostenpflichtig sind. Viele Hochschulen bieten einen Korrekturservice für Studierende an, deren Muttersprache nicht Deutsch ist.
- Wenn Sie aufgrund einer Lese-Rechtschreib-Schwäche oder einer anderen Beeinträchtigung Probleme mit dem Verfassen von Arbeiten haben, können Sie einen Nachteilsausgleich geltend machen und bekommen so beispielsweise mehr Zeit zum Schreiben einer Hausarbeit: http://www.studentenwerke.de/de/content/nachteilsausgleich-antragsverfahren-und-nachweise

6.5 QUELLEN IM TEXT BELEGEN

Beim Erstellen einer wissenschaftlichen Arbeit ist das korrekte Zitieren sehr wichtig. Die Leser*in muss erstens genau nachvollziehen können, woher Sie das dargestellte Wissen haben, denn nur so ist Ihre Arbeit an die Gesamtheit der wissenschaftlichen Erkenntnisse anschlussfähig. Zweitens ist wissenschaftliche Literatur das Arbeitsprodukt von Wissenschaftler*innen. Den Ursprung eines Gedankens namentlich in einer schriftlichen Arbeit oder einer Präsentation zu nennen ist wichtig, damit die Arbeit einzelner Wissenschaftler*innen sichtbar bleibt. Schließlich ist das korrekte Belegen Zeugnis einer sauberen, wissenschaftlichen Arbeitsweise.

Die folgende Tabelle gibt einen ersten Überblick über die Zitat- bzw. Belegarten:

Art des Zitats	Was meint das?	Verwendung	Beleg im Text
Wörtliches Zitat	Wörtliche Übernahme einzelner Textpassagen	Sparsam	(Autor*in Jahr, S.)
Sinngemäßes Zitat	Umformulierte Textpassage, sehr nah am Originaltext	Sparsam	(vgl. Autor*in Jahr, S.)
Paraphrase	Freie Zusammenfassung einer Textpassage	Häufiger	(vgl. Autor*in Jahr, S.)
Einfacher Beleg	Bezieht sich nicht auf Textpassagen, sondern auf ein ganzes Werk	Häufiger	(Autor*in Jahr)

Tabelle 2: Belege im Text

Wenn Sie sich in einer schriftlichen Arbeit auf den Text einer anderen Autor*in beziehen, werden Sie sich unterschiedlich eng am Originaltext orientieren. Wird eine Textpassage wörtlich übernommen, spricht man von einem „wörtlichen Zitat". Diese werden in Maßen eingesetzt. Ein wörtliches Zitat ist immer dann sinnvoll, wenn ein Sachverhalt sehr treffend formuliert wurde, beispielsweise bei einer Definition. Werden Textabschnitte nah am Originaltext in eigenen Worten zusammengefasst, spricht man von einem „sinngemäßen Zitat". Eine sehr freie Zusammenfassung einer meist größeren Textpassage ist eine „Paraphrase". Schließlich gibt es noch den „einfachen Beleg", der verwendet wird, wenn man sich auf Aussagen eines ganzen Werks bezieht, z. B. auf ein ganzes Buch oder einen vollständigen Aufsatz.

Häufig fällt es Studierenden schwer, sich von gelesenen Texten zu lösen, frei zu schreiben und eigene Gedanken zu formulieren. Das ist Übungssache und niemand erwartet von Ihnen im ersten Semester einen wissenschaftlich brillanten Text. Vermeiden Sie jedoch, einfach nur Zitate aneinanderzureihen oder Textstellen, die Sie nicht vollständig verstanden haben, aber für wichtig halten, einfach in einem wörtlichen Zitat wiederzugeben. Nutzen Sie Quellen, um eigene Fragestellungen zu bearbeiten, eigene Argumentationsketten aufzubauen und zu untermauern, wissenschaftliche Positionen zu analysieren und gegenüberzustellen etc. (vgl. Kapitel 6.7).

Beziehen Sie sich in Ihren Ausführungen vor allem auf die Originalquellen, die sogenannten „Primärquellen" (vgl. Kapitel 3.1). Es ist legitim, sich anhand von Lehrbüchern oder anderer Sekundärliteratur einen Überblick zu verschaffen, jedoch benötigen Sie die Primärquelle, um einen fundierten Einblick in ein Thema zu bekommen und zu beurteilen, ob die Sekundärliteratur die Primärquelle, die Theorie, den Diskurs usw. adäquat wiedergibt. Das hauptsächliche Arbeiten mit Primärquellen gehört zu einer kritischen, wissenschaftlichen Haltung dazu. Welche Quelle ist nun als Primärquelle zu betrachten? Ein Beispiel: Angenommen, Sie schreiben eine Hausarbeit über das Professionsverständnis Sozialer Arbeit von Alice Salomon. Sie werden einige Literatur über Alice Salomon und Ihr Professionsverständnis finden, die auch sinnvoll ist, um sich einen Überblick zu verschaffen. Ihre Primärquellen sind aber die Texte von Alice Salomon selbst, die Sie in erster Linie lesen und zitieren sollten. Ein weiteres Beispiel: Sie möchten in einer Hausarbeit auf die Theorie der Lebensbewältigung von Böhnisch eingehen. Inhaltlich gehen Sie auch auf den Begriff „sozialpädagogische Verlegenheit" ein. Dieser wird zwar von Lothar Böhnisch und Wolfgang Schröer (2013) herangezogen, aber geprägt hat ihn Carl Mennicke in den 20er Jahren des letzten Jahrhunderts. Stellen Sie sich nun die Frage, welche Relevanz die „sozialpädagogische Verlegenheit" für

Ihre Hausarbeit hat. Ist dieser Schlüsselbegriff ein zentraler Aspekt in der Argumentationslinie, dann sollten Sie Mennicke im Original heranziehen und als Quelle anführen. Er ist dann die Primärquelle – nicht Böhnisch; Schröer (2013).

Alle Entlehnungen aus Texten anderer Autor*innen, die Sie wörtlich oder sinngemäß verwenden, müssen belegt werden. Es gibt viele verschiedene Belegsysteme. Die Unterschiede sind teilweise marginal. Sie unterscheiden sich beispielsweise dadurch, ob der Nachname einer Autor*in komplett in Großbuchstaben gesetzt wird oder ob mehrere Autor*innen durch einen Schrägstrich oder ein Semikolon getrennt werden. Lassen Sie sich dadurch nicht verwirren. Wichtig ist, dass Sie sich für eine Art des Belegens entscheiden und diese in Ihrer ganzen Arbeit konsequent verwenden. Die verschiedenen Belegarten lassen sich grob in zwei Hauptgruppen einteilen: Das Belegen im Text sowie das Belegen in Fußnoten. Das Grundmuster beider Belegarten finden Sie in nachfolgender Graphik veranschaulicht.

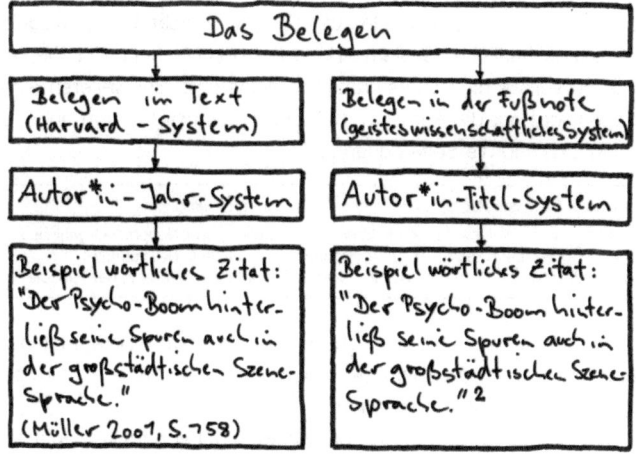

Abbildung 12: Belegen[1]

---

1   Müller, C. Wolfgang: Helfen und Erziehen. Soziale Arbeit im 20. Jahrhundert. Weinheim und Basel 2001, S. 158.
     Bei weiteren Zitaten aus dieser Quelle steht im Fußnotentext: Nachname, a.a.O

Das Belegen im Text wird, nach der amerikanischen Universität, „Harvard-System" genannt. Dieses Belegsystem scheint sich in der Sozialen Arbeit durchzusetzen. In den nachfolgenden Ausführungen werden wir daher ausschließlich das Belegen im Text, sprich das Harvard-System, als Belegmethode verwenden. In diesem Belegsystem fügen Sie unmittelbar hinter dem Zitat oder der entlehnten Textstelle eine Klammer ein, die den Nachnamen der Autor*in, das Erscheinungsjahr und die Seitenzahl(en) nennt. Die vollständige Literaturangabe wird im Literaturverzeichnis aufgeführt.

Beispiel für den Beleg eines wörtlichen Zitates im Text:

Der Begriff Fundraising wird wie folgt definiert: „Unter Fundraising wird derjenige Teil des Beschaffungsmarketings einer Nonprofit-Organisation verstanden, bei dem die nötigen Ressourcen ohne marktadäquate finanzielle Gegenleistung beschafft werden." (Urselmann 2006, S. 21)

Beispiel für den Beleg eines sinngemäßen Zitates im Text:

Urselmann definiert Fundraising als Teil des Beschaffungsmarketings einer Nonprofit-Organisiation, welcher die nötigen Ressourcen ohne marktadäquate finanzielle Gegenleistung beschafft (vgl. ebd. 2006, S. 21).

Wird der Beleg in der Fußnote aufgeführt, so spricht man vom „geisteswissenschaftlichen System". Bei der ersten Nennung des Werkes wird die vollständige Literaturangabe aufgeführt. Bei weiteren Nennungen wird nur die Autor*in, die Abkürzung „a. a. O." (am angegebenen Ort) und die Seite genannt.

Beispiel für den Beleg eines wörtlichen Zitates in der Fußnote:

1 Urselmann, Michael: Erfolgsfaktoren im Fundraising von Nonprofit-Organisationen. Wiesbaden 2006, S. 21. (Erste Nennung der Quelle in der Fußnote)
2 Urselmann, a. a. O., S. 21. (Ab der zweiten Nennung der Quelle in der Fußnote)

Klären Sie mit Ihrer Dozent*in ab, ob eine bestimmte Belegmethode gefordert wird. Ist dies nicht der Fall, können Sie das von Ihnen bevorzugte Belegsystem verwenden.

Alle Informationen, die Sie zum Belegen der von Ihnen benutzten Quellen brauchen, können Sie den sogenannten „bibliographischen Angaben" entnehmen. Diese finden Sie meist auf Seite 3 einer Veröffentlichung, direkt hinter der Titelseite, bei grauer Literatur auch häufig ganz am Schluss.

Wenn Sie zitieren oder Textstellen sinngemäß oder als Paraphrase in Ihre Arbeit übernehmen, müssen Sie darüber hinaus noch einige Feinheiten beachten, auf die wir im Folgenden eingehen. Am Ende des Kapitels finden Sie zusätzlich eine tabellarische Übersicht aller Zitierregeln.

Übernehmen Sie eine Textstelle wörtlich aus dem Originaltext, verwenden Sie ein wörtliches Zitat. Das wörtliche Zitat ist identisch aus der Vorlage zu entnehmen, auch in älteren Texten bei abweichender Rechtschreibung. Wörtliche Zitate werden durch Anführungszeichen als solche kenntlich gemacht. Die Anführungszeichen können entfallen, wenn das Zitat drei Zeilen überschreitet. Dann wird das Zitat optisch vom restlichen Text abgehoben, indem die Schriftgröße um 1–2 Punkte kleiner gesetzt und der Zeilenabstand entsprechend verkleinert werden. Links und rechts ist ein Einzug von 1 cm zu empfehlen. Der Abstand zum vorhergehenden und nachfolgenden Absatz beträgt 0,5 cm.

Beispiel für ein längeres wörtliches Zitat mit Beleg im Text:

Die Aufgaben im Weltkrieg, die nicht mehr einzelne Familien, sondern ganze Bevölkerungsgruppen umfassten, durchbrachen den Rahmen einer ehrenamtlichen und nur in Einzelfällen angeleiteten oder ausgebildeten Tätigkeit. Frauen wurden gebraucht. Und sie mussten jetzt auch bezahlt werden (Müller 2013, S. 32).

Geht das Zitat im Originaltext über zwei aufeinanderfolgende Seiten, geben Sie in der Quelle „S. 112 f." an. Geht es über drei Seiten, was häufig bei Paraphrasen (vgl. Tabelle 2, S. 69) der Fall ist, geben Sie in der Quelle „S. 112 ff." an. Dies ist meist dann der Fall, wenn Sie bspw. einen ganzen Gedankengang oder mehrere Textabschnitte einer Autor*in in eigenen Worten zusammenfassen. Bei mehr als drei Seiten benennen Sie Anfang und Ende, z. B. „S. 112-121".

Wenn eine Textpassage im Original bereits Anführungszeichen enthält, geben Sie diese als ‚halbe Anführungszeichen' wieder. Vermeiden Sie Zitate aus zweiter Hand, d. h. Textstellen, die im Originaltext bereits als Zitat gekennzeichnet wurden (Sekundärzitate). Greifen Sie in diesem Fall lieber auf das ursprüngliche Originalzitat zurück. Sollte es sich nicht umgehen lassen, kennzeichnen Sie das Sekundärzitat mit „zit. n." (zitiert nach).

Beispiel für ein Zitat aus zweiter Hand:

„Wie viele Schriften zitiert man? Wird eine Ansicht, auf die man sich beruft, von vielen geteilt, hat man eine Auswahl zu treffen. (...) Wer zuviel zitiert, dokumentiert damit, daß er nicht in der Lage ist, Wichtiges von Unwichtigem zu trennen." (Dichtl 1995 zit. nach Franck 2007, S. 299)

Wenn Sie ein wörtliches Zitat verändern, kennzeichnen Sie die Veränderung mit Klammern. Auslassungen und Kürzungen werden bei Sätzen mit „(...)" und für einzelne Wörter mit „..." gekennzeichnet.

Beispiel für ein wörtliches Zitat mit Auslassungen im Beleg im Text:

„Betrachtungen und Analysen der Inklusionschancen und Exklusionsrisiken für Menschen mit Behinderung unter den Gesichtspunkten des Wohlfahrtsstaates, ..., sind notwendig, weil der Wohlfahrtsstaat selbst als integraler Bestandteil moderner Gesellschaft einen wichtigen Ausschnitt der sozialen Kommunikation ... abbildet." (Wansing 2005, S. 196 f.)

Grammatikalische Anpassungen in wörtlichen Zitaten werden in eckigen Klammern angegeben. Dies ist meist dann der Fall, wenn Sie ein wörtliches Zitat in einen eigenen Satz einbauen.

Beispiel für grammatikalische Anpassung:

Staub-Bernasconi konstatiert, dass es „den Menschen möglich [ist], die Realität zu erkennen, auch wenn sie keinen, von ihren Wahrnehmungsmöglichkeiten unabhängigen Zugang dazu haben." (Staub-Bernasconi 2012, S. 270)

Eigene Hervorhebungen in wörtlichen Zitaten kennzeichnen Sie durch das Kürzel „Herv." und Ihre Initialen in eckigen Klammern. Rechtschreibfehler im wörtlichen Zitat übernehmen Sie und kennzeichnen diese durch das Kürzel „sic!" in eckigen Klammern. Auch Ergänzungen sind manchmal sinnvoll und immer durch eckige Klammern und Ihre Initialen zu kennzeichnen (vgl. Tabelle 3)

Beispiel für eine Ergänzung:

„Theoriebildung in der Sozialpädagogik [und der Sozialen Arbeit – S.V.] hat also keine anderen Inhalte als den Diskurs selbst." (Winkler 1988, S. 59)

Sinngemäße Zitate und Paraphrasen belegen Sie wie wörtliche Zitate, jedoch ohne Anführungsstriche und fügen „vgl." hinzu.

Beispiel für ein sinngemäßes Zitat:

Soziale Arbeit ist den Notwendigkeiten und Widersprüchen gesellschaftlicher Entwicklungen geschuldet, die sich notwendig machen und, trotz aller Fehlentwicklungen und ideologischer Verblendungen, eine Erfolgsgeschichte (vgl. Müller 2013, S. 9).

Beim einfachen Beleg, d.h. wenn Sie auf ein komplettes Werk verweisen, entfällt das „vgl.". Allgemeinwissen muss nicht eigens mit Quellen belegt werden, Fachinformationen hingegen schon. Wiederholen sich Quellen in Ihrem Text direkt hintereinander, können Sie die Quellenangabe durch „ebd." (ebenda) bzw. „vgl. ebd." abkürzen.

Der Beleg im Text enthält immer den Namen der Autor*in, auf die Sie sich beziehen, unabhängig davon, wer die Herausgeber*innen des Buches sind. Beziehen Sie sich beispielsweise auf den Text „Internationalität in der Sozialen Arbeit" von Andreas Thimmel und Günther Friesenhahn, der im Sammelband „Grundriss Soziale Arbeit" (2012) mit Werner Thole als Herausgeber erschienen ist, so lautet der Beleg „(Thimmel; Friesenhahn 2012)" und nicht „(Thole 2012)". Das Erscheinungsjahr entspricht dem des Herausgeber*innenwerkes. Auch bei Internetquellen werden die Namen der Autor*innen angegeben, wenn diese in der Internetquelle aufgeführt sind – nicht die Internetseite.

Häufig werden Sie Zitate in Ihren eigenen Fließtext „einweben". Nennen Sie dann die Namen der Autor*innen, auf die Sie sich berufen. Es empfiehlt sich bei der ersten Nennung Vor- und Nachname zu nennen, ab der zweiten Nennung reicht der Nachname aus. Ein „Herr" oder „Frau" sowie ein „Prof. Dr." etc. ist unnötig. Wenn Sie beispielsweise in einer Paraphrase einen Aufsatz von Silvia Staub-Bernasconi zusammenfassen, können Sie die Autor*in direkt einleitend nennen. In diesem Fall können Sie den Beleg direkt nach dem Namen angeben, das „vgl." und der Nachname entfällt.

Beispiel für einen, in den Fließtext eingewobenen Beleg:

Silvia Staub-Bernasconi (2012, S. 267-282) skizziert drei Paradigmen Sozialer Arbeit, um aufbauend darauf ihr Disziplin- und Professionsverständnis zu entfalten. In ihrem Theorieverständnis sind Soziale Probleme ein zentrales Thema der Sozialarbeitswissenschaft. Ihr geht es dabei um die Frage, wie sich soziale Probleme erklären, beurteilen und bearbeiten lassen.

Nicht nur Textentlehnungen werden gekennzeichnet. Wenn Sie Abbildungen oder Tabellen aus anderen Werken übernehmen, müssen Sie auch hier immer die Quelle angeben. Wie in diesem Buch werden Abbildungen und Tabellen mit einer eigenen Bezeichnung, einer laufenden Nummer, einem Titel und der Quellenangabe versehen. Die Quellenangabe erfolgt analog zu den Ausführungen bei Textentlehnungen. Es kann sein, dass Sie beispielsweise bei einer Fragebogenuntersuchung eine Vielzahl von Abbildungen und/oder Tabellen verwenden. In diesem Fall legen Sie ein eigenes Abbildungs- oder Tabellenverzeichnis an. Bei wenigen Abbildungen und Tabellen können Sie das Abbildungs- und Tabellenverzeichnis in einem Darstellungsverzeichnis zusammenfassen. Sollten Sie nur eine oder zwei Abbildungen oder Tabellen haben, entfällt das Verzeichnis. In Kapitel 7.4 finden Sie mehr Informationen hierzu.

Wenn Sie Teile aus Gesetzestexten wörtlich zitieren, so verwenden Sie auch hier Anführungszeichen und führen als Verweis die entsprechende Vorschrift hinzu (z. B. §1666 Abs. 1 BGB). Beziehen Sie sich hingegen auf eine bestimmte Vorschrift, ohne ganze Sätze oder Absätze wörtlich wiederzugeben, so reicht es aus, wenn Sie die Vorschrift erwähnen (nach §43 Abs. 1 SGB I). Verwenden Sie immer aktuell gültige Gesetzestexte. Ist es notwendig, ausnahmsweise Gesetzestexte in älterer Fassung zu verwenden, ist dies mit dem Zusatz „a. f." (alte Fassung) oder mit der Jahreszahl der älteren Fassung hinter dem Gesetzesnamen kenntlich zu machen. Ein Beleg von Gesetzestexten ist im Literaturverzeichnis nicht erforderlich.

Sollten Sie sich einer Gerichtsentscheidung bedienen, um im Rahmen einer juristischen Auslegung die Rechtsprechung zu berücksichtigen, gilt Folgendes: Zunächst ist das Gericht anzugeben (z. B. AG Köln oder BGH), welches die Entscheidung getroffen hat. Hier können Sie die gängige Abkürzung verwenden. Gerichtsentscheidungen werden häufig in Fachzeitschriften veröffentlicht. Das Zitat nach Fachzeitschriften ist wie folgt aufgebaut: Gerichtsbezeichnung, Name der Fachzeitschrift (Abkürzung) und Jahrgang, Seitenangabe der zitierten Entscheidung (z. B. BGH, BtPrax 2009, S. 290).

Nicht veröffentlichte Entscheidungen sind mit Gerichtsbezeichnung, Entscheidungstyp und Datum sowie Aktenzeichen zu zitieren

(z. B. BGH, Beschluss v. 16.03.2011 – XII ZB 601/10). Bei Entscheidungen, die über das Rechtsportal „juris" recherchiert wurden, ist weiterhin die jeweilige Randnummer (Rn.) der Entscheidung und in Klammern (Juris-Recherche) anzugeben.

In der folgenden Tabelle stellen wir die Zitierregeln nach dem Beleg im Text-System in einer Übersicht dar.

	Zitierregel		Beispiel
Wörtliches Zitat	Immer in Anführungszeichen	Identisch zu übernehmen	„Theoriebildung in der Sozialpädagogik hat also keine anderen Inhalte als den Diskurs selbst." (Winkler 1986, S. 59)
	Länger als drei Zeilen	Kleiner setzen, einrücken, dann keine Anführungszeichen notwendig	Siehe Beispiele in diesem Kapitel z. B. S. 71
	Genau zitieren	Übernahme von alter Rechtschreibung oder Rechtschreibfehlern sowie Hervorhebungen	„In der klassischen Form der quaestio disputata, wie sie von Thomas voll ausgebildet wurde, hat dieses Bemühen seine literarische _und_ sprachliche Gestalt gefunden." (Heinzmann 1994, S. 19)
	Zitat mit Anführungsstrichen im zitierten Text	In einfache Anführungszeichen setzen	„Wer beim Schreiben statt mit dem ‚Stoff' mit der Vorstellung ringt, was die potenziellen Leserinnen und Leser vom Text halten werden, kann sich blockieren." (Franck 2007, S. 244)
	Auslassung von Sätzen	(...)	„Supervision soll ihrem Ziel und Anspruch entsprechend die Qualität der Arbeit, ... reflektieren und verbessern. (...) Supervision hat zwei grundlegende Wurzeln, die Soziale Arbeit und die Psychoanalyse." (Hermann-Stietz 2009, S. 18)
	Auslassung von Wörtern im Satz	...	Siehe oben
	Grammatikalische Anpassungen	[Anpassung]	Carola Kuhlmann konstatiert, dass „Soziale Arbeit in dem Moment [beginnt], in dem Menschen diese Hilfeleistung als ihre Arbeit begreifen und ausgestalten, also nicht aus freundschaftlichen, verwandtschaftlichen oder nachbarschaftlichen Gründen helfen." (Kuhlmann 2013, S. 13)

Zitierregel		Beispiel
Ergänzungen	[Ergänzung, Initialen]	„Theoriebildung in der Sozialpädagogik [und somit der Sozialen Arbeit – S.V.] hat also keine anderen Inhalte als den Diskurs selbst." (Winkler 1986, S. 59)
Hervorhebungen	[Herv., Initialen]	Theoriebildung in der Sozialpädagogik hat also *keine* [Herv. – S.V.] anderen Inhalte als den Diskurs selbst." (Winkler 1986, S. 59)
Rechtschreibfehler im Zitat	Kennzeichnen mit [sic!]	„Verwenden Sie Quellen mit Rechtschreibfelern [sic!] besser in Form von sinngemäßen Zitaten." (Scheithauer 2015, S. 20)
Zitate aus zweiter Hand/ Sekundärzitate	Sind zu vermeiden und möglichst die Primärquelle heranzuziehen	„Die Kinder- und Jugendhilfe hat auch zu sehen, dass (...) ihre Relation einerseits das Problem der personalen Beziehung zwischen Erwachsenen und Kindern in sich birgt, andererseits aber auch als gesellschaftlich-strukturelles Verhältnis der generativen Reproduktion (...) den politisch-ökonomischen Rahmen absteckt, innerhalb dessen Jugendhilfeprobleme im Kontext des Sozialstaates fungieren." (Mollenhauer 1998 zit. n. Bock 2012, S. 457)
Zitat im Zitat	Sind zu vermeiden. Falls nötig, in einfache Anführungszeichen zu setzten	„Dem Staat kam demzufolge die Aufgabe zu, die ‚sozial regulativen Funktionen', also etwa die ‚Bildung und Berufslenkung der Kinder', zu übernehmen." (Böhnisch; Arnold; Schröer 1999 zit. n. Niemeyer 2012, S. 140)
Zwei gleiche Quellen hintereinander	Quelle abkürzen mit ebd. Achtung bei Seitenwechsel in Ihrem Text: Geben Sie die Quelle auf der neuen Seite erneut an, da das ebd. sonst nicht mehr gut nachvollzogen werden kann.	Vorhergehendes Zitat im Text ist aus: (Hermann-Stietz 2009) Nachfolgendes Zitat aus gleicher Quelle: Supervision gestaltet sich in Abhängigkeit von Rahmenbedingungen, Zielen und Teilnehmenden etc. aus (vgl. ebd., S. 19 ff.).

Wörtliches Zitat

	Zitierregel		Beispiel
Wörtliches/sinngemäßes Zitat, Paraphrase	Zitate über eine Seite	S. xy f.	„Partizipation kann nur begriffen werden, wenn auch ihre subjektive Dimension der Begründungen und Interessen analysierbar ist. Solange Partizipation nur über ihre Formen verfolgt wird, bleiben die Anteile der einzelnen Menschen daran unverstanden." (Scheu; Autrata 2013, S. 18 f.)
	... über zwei bis drei Seiten	S. xy ff.	Die Erstellung eines Leitfadens für ein qualitatives Interview erfolgt nach dem SPSS-Prinzip: Sammeln, Prüfen, Sortieren, Subsummieren (vgl. Helfferich 2011, S. 178 ff.).
	... bei mehr als drei Seiten	S. xx-yy	Silvia Staub-Bernasconi (2012, S. 267-282) skizziert drei Paradigmen Sozialer Arbeit, um aufbauend darauf ihr Disziplin- und Professionsverständnis zu entfalten. In ihrem Theorieverständnis sind soziale Probleme ein zentrales Thema der Sozialarbeitswissenschaft. Ihr geht es dabei um die Frage, wie sich soziale Probleme erklären, beurteilen und bearbeiten lassen.
Häufig vorkommende Besonderheiten	Internetquelle	Es ist die Autor*in des zitierten Textes zu nennen. Falls nicht ersichtlich, die Herausgeber*in des Textes (siehe Impressum der Internetquelle). Die Internetadresse wird ausschließlich im Literaturverzeichnis aufgeführt.	Mit Autor*in: „Für das Studium der Sozialen Arbeit ist es von daher ein großer Gewinn, wenn sich in der Studierendenschaft die gesellschaftliche Vielfalt widerspiegelt: Vom beruflichen Vorwissen der KomilitonInnen profitiert die Gesamtgruppe eines Seminars ebenso wie von Flucht- und Migrationsgeschichten oder von Erfahrungen aus Bildungslaufbahnen mit Behinderung." (Werner; Vogt; Platte 2014) Ohne Autor*in: „Mit ‚Wir hier' mischen sich die Jugendringe und Jugendverbände seit Juli 2013 verstärkt als Bildungsakteure in kommunale Bildungslandschaften ein." (Landesjugendring NRW)
	Graue Literatur	Ist hier keine Verfasser*in ersichtlich, wird die Herausgeber*in im Textbeleg genannt.	„Sehr häufig werden in dieser Altersphase die informellen Betreuungsformen mit einer formalen Betreuung kombiniert." (BMFSFJ 2014, S. 138)

Zitierregel		Beispiel
Gesetzestexte	Siehe Vorgehen Internetquellen	Wörtlich: „ ... " (§ 1666, Abs. 1 BGB)
Tabellen und Abbildungen	Werden im Text mit eigener Bezeichnung, einer laufenden Nummer, einem Titel und der Angabe der Quelle versehen. Die Quelle der Abbildung/Tabelle wird im Literaturverzeichnis genau wie alle anderen Quellen behandelt. Eigene Tabellen oder Abbildungen benötigen ebenfalls eine Bezeichnung, Nummer und Titel. Die Quellenangabe entfällt dann oder wird mit „eigene Darstellung" versehen.	Übernahme einer Abbildung oder Tabelle: Abbildung 1: Studierende mit Kind im Studiengang Soziale Arbeit an der TH Köln (eigene Darstellung)

Häufig vorkommende Besonderheiten

Tabelle 3: Zitierregeln

- Zitieren ist eine Technik, die Sie leicht erlernen können. Viele Hochschulen bieten dazu zusätzliche Seminare an.
- Ergänzend zu diesen Ausführungen finden sich zahlreiche Leitfäden im Internet. Empfehlenswert ist beispielsweise der Leitfaden der Universität Bielefeld: www.uni-bielefeld.de/ew/app/dokumente/ZitiermerkblattStand10.pdf
- Auf den Lotse-Seiten der Universität Hamburg finden Sie Tutorials zum Zitieren und Belegen: https://lotse.sub.uni-hamburg.de/tutorials/index-de.php#plagiate

6.6 BELEGE IM LITERATURVERZEICHNIS

Durch das Belegen im Text zeigen Sie, an wessen Gedanken oder Theorien Sie Ihre Ausführungen anknüpfen. Im Literaturverzeichnis machen Sie transparent, woher Ihre Quellen stammen. Sie müssen dort alle zitierten Bücher, Artikel, Aufsätze, Internetquellen etc. angeben, auf die Sie in Ihrer Arbeit zurückgegriffen haben – alle Belege, die von Ihnen in Ihrer Arbeit angeführt werden, müssen sich im Literaturverzeichnis vollständig wiederfinden. Texte, die Sie lediglich gelesen, aber nicht als Quelle in Ihrer Arbeit verwendet haben, werden nicht im Literaturverzeichnis aufgeführt. Das Literaturverzeichnis ist somit das Gegenstück zu den Belegen – jede belegte Quelle muss eine entsprechende Literaturangabe im Literaturverzeichnis aufweisen und umgekehrt.

Da das Literaturverzeichnis ein Teil des Belegsystems ist, gibt es auch hier unterschiedliche Vorgehensweisen. Nehmen Sie sich beispielweise drei Ihrer aktuellen Studienbücher vor und vergleichen Sie deren Literaturverzeichnisse. Die Wahrscheinlichkeit, dass alle drei unterschiedlich ausgestaltet sind, ist hoch. Deshalb können andere Bibliographien von der hier vorgestellten abweichen, müssen aber in sich immer einheitlich gestaltet sein.

- Ein Literaturverwaltungsprogramm (vgl. Kapitel 3) unterstützt Sie beim korrekten Zitieren und Belegen wie auch bei Ihrer Systematisierung von Literatur während Ihres gesamten Studiums und darüber hinaus. Sie können sich beispielsweise Literaturverzeichnisse automatisch erstellen lassen.
- Word 2010 hat eine einfache Literaturverwaltung, wesentlich umfangreicher ist die Literaturverwaltung beim Open-Office Nachfolger Libri-Office.

Die folgende Tabelle zeigt, wie die verschiedenen Quellenarten im Literaturverzeichnis entsprechend belegt werden. Das Literaturverzeichnis dieses Buches gibt einen zusätzlichen Überblick.

Art der Quelle	Beleg im Literaturverzeichnis	Besonderheiten/ Anmerkungen
Selbstständige Publikation mit einer oder mehreren Autor*innen (Monographie)	*Nachname Autor*in, Vorname Autor*in (Erscheinungsjahr): Titel. Ort.* Hermann-Stietz, Ina (2009): Praxisberatung und Supervision in der Sozialen Arbeit. Schwalbach/Ts. oder Hermann-Stietz, Ina (2009): Praxisberatung und Supervision in der Sozialen Arbeit. Schwalbach/Ts.: Wochenschau Verlag. Karmasin, Matthias; Ribing, Rainer (2008): Die Gestaltung wissenschaftlicher Arbeiten. 3. Aufl., Wien. Hermann-Stietz, Ina (2009): Praxisberatung und Supervision in der Sozialen Arbeit. Grundlagen Sozialer Arbeit. Schwalbach/Ts.	Verlagsangabe kann auch weggelassen werden (Bsp. 1 und 2). Jedoch: Wenn eine Quellenangabe mit Verlag, dann bei allen Quellenangaben. Eine Auflage wird erst ab der 2. Auflage genannt (Bsp. 3). Mehrere Autor*innen werden durch ein Semikolon oder einen Schrägstrich getrennt (Bsp. 3). Bei mehr als drei Autor*innen kann nur die erste Autor*in genannt werden. Ein „et al." oder „u. a." dient dann als Platzhalter für die anderen Autor*innen. Ist ein Buch in einer Reihe erschienen, so kann diese, muss jedoch nicht, mit angegeben werden (Bsp. 4).
Artikel/Aufsatz in einem Sammelband	*Nachname der Autor*in des Artikels, Vorname der Autor*in (Jahr): Titel des Artikels. In: Herausgeber*in des Sammelbandes (Hrsg.): Buchtitel. Ort, Seitenzahlen des Aufsatzes.* Icking, Maria (2013): Jugendsozialarbeit und Offene Kinder- und Jugendarbeit. In: Deinet, Ulrich; Sturzenhecker, Benedikt (Hrsg.): Handbuch Offene Kinder- und Jugendarbeit. 4. Aufl., Wiesbaden, S. 791-796.	Siehe unter Monographie.
Zeitschriften- oder Fachartikel	*Nachname der Autor*in, Vorname der Autor*in (Jahr): Titel. In: Zeitschriftentitel. Jahrgang, Heftnummer bzw. Ausgabe, Seitenzahlen des gesamten Artikels.* Hering, Sabine (2010): Wer hilft wem? Das neue Selbstbewusstsein der Profession. In: Sozial Extra. Zeitschrift für Soziale Arbeit. 34. Jg., Heft 9, S. 6-7.	Der Ort entfällt.

Art der Quelle	Beleg im Literaturverzeichnis	Besonderheiten/ Anmerkungen
Nachschlage-werk	*Nachname der Autor*in, Vorname der Autor*in (Jahr): Titel des Artikels. In: Herausgeber*in des Nachschlage-werks (Hrsg.): Titel des Nachschlage-werks. Ort, Seitenzahlen des Artikels.* Hummrich, Merle (2007): Mobilität. In: Feuerhelm, Wolfgang (Hrsg.): Taschenlexikon der Sozialarbeit und Sozialpädagogik, 5. Aufl., Wiebels-heim, S. 420 f.	
Internetquelle	**Webseiten** *Nachname der Autor*in, Vorname der Autor*in oder Herausgeber*in (Jahr): Titel. URL [Zugriff: Datum].* Kruse, Wolfgang (2013): Frauen und Geschlechterverhältnisse. http://www.bpb.de/geschichte/deutsche-ge-schichte/ersterweltkrieg/155330/frauenarbeit-und-geschlechterverhaelt-nisse [Zugriff: 11.05.2016]. Bundeszentrale für politische Bildung (2012): Die soziale Situation in Deutschland – Eltern und Kinder. http://www.bpb.de/nachschlagen/zahlen-und-fakten/soziale-situation-in-deutschland/61594/eltern-und-kinder [Zugriff: 11.05.2016]. **Online-Zeitschriften** *Nachname der Autor*in, Vorname der Autor*in (Jahr): Titel. In: Zeitschrif-tentitel. Jahrgang bzw. Ausgabe, URL, Seitenzahlen (wenn vorhanden) [Zugriff: Datum].* Werner, Melanie; Platte, Andrea; Vogt, Stefanie (2014): Auf dem Weg zu einer Inklusiven Fakultät. In: Zeitschrift für Inklusion-online 2/14. URL: http://www.inklusion-online.net/index.php/inklusion-online/article/view/217/218 [Zugriff: 11.05.2016].	Wenn keine Autor*in angegeben ist, wird die Herausgeber*in der Webseite oder der Titel der Webseite anstelle der Autor*in genannt. Sollte keine Jahres-zahl der Internetquelle ersichtlich sein, lautet die Angabe o. J. (ohne Jahr). Internetquelle, die eine Autor*in nennt: Quellenangabe wie bei einem Zeitschriftenartikel, ergänzt durch URL und Zugriffsdatum.

Art der Quelle	Beleg im Literaturverzeichnis	Besonderheiten/ Anmerkungen
Graue Literatur Unveröffentlichter Vortrag	**Graue Literatur** *Herausgeber*in (Hrsg.) (Jahr): Titel. Ort.* Frey, Anke; Dubiski, Judith (2016): „Völlig egal, wer auf mich zukommt, der hat ein Recht auf seine Freizeit bei uns." Abschlussbericht der wissenschaftlichen Begleitung des Modellprojektes „Inklusion in der Jugendförderung" (2013-2015). In: Schriftenreihe des Forschungsschwerpunkt Nonformale Bildung. Köln **Unveröffentlichte Vorträge** *Nachname Autor*in, Vorname Autor*in (Jahr): Titel des Vortrags. Unveröffentlichter Vortrag, Titel der Veranstaltung, Ort, Datum.* Thimmel, Andreas (2016): Kinder- und Jugendreisen als Freizeit- und Bildungsort. Unveröffentlichter Vortrag, Fachtagung „Ferienfreizeiten unter der empirischen Lupe: Praxis, Politik, Perspektiven" des Jugendpfarramts in der Nordkirche, Hamburg, 26.04.2016.	Grundsätzlich sollten Sie vor der Übernahme von grauer Literatur diese als Quelle überprüft haben, inwieweit diese zitierfähig ist (vgl. Kapitel 3.1).
Rechtsquelle	Gesetze müssen im Literaturverzeichnis nicht belegt werden. Es reicht die genaue Angabe der Vorschrift und ggf. des Absatzes im Text.	
Weitere Besonderheiten	Braches-Chyrek, Rita; Röhner, Charlotte; Sünker, Heinz; Hopf, Michaela (Hrsg.) (2014): Handbuch Frühe Kindheit. Leverkusen. oder Braches-Chyrek, Rita et al. (Hrsg.) (2014): Handbuch Frühe Kindheit. Leverkusen. Winkler, Michael (1988a): Eine Theorie der Sozialpädagogik. Stuttgart. Winkler, Michael (1988b): „Ideen braucht man nur, wenn man nichts erlebt." Sieben Notizen zur alltagsorientierten Pädagogik. In: neue praxis, 18. Jg., Heft 5, S. 386-401.	Bei mehr als drei Namen oder Verlagsorten in Quellen wird nach der ersten Aufführung „et al." oder „u.a." benutzt (Bsp. 1). Bei mehreren Werken einer Autor*in im gleichen Jahr werden die Jahreszahlen mit Buchstaben versehen (Bsp. 2).

Art der Quelle	Beleg im Literaturverzeichnis	Besonderheiten/ Anmerkungen
Weitere Besonder- heiten	Engelke, Ernst; Borrmann, Stephan; Spatscheck, Christian (2014): Theorien der Sozialen Arbeit. Eine Einführung. 6. Aufl., Freiburg i. B.	Ab der 2. Auflage wird die Auflage in der Quellenangabe genannt. Diese wird abgekürzt. Ergänzungen wie „überarb." (überarbeit) oder „erw." (erweitert) können, müssen aber nicht genannt werden (Bsp.3). Der Berufstitel (Prof.) und der akademische Grad (Dr.) der Autor*in werden nicht genannt.

Tabelle 4: Belege im Literaturverzeichnis

Erlauben Sie uns einen abschließenden Hinweis: Gestalten Sie Ihr Literaturverzeichnis einheitlich. Entscheiden Sie sich für ein System (z. B. Angaben mit Verlag oder ohne, Vornamen ausgeschrieben oder abgekürzt, etc.) und verwenden Sie dieses System bei **allen** Quellenangaben im Literaturverzeichnis.

6.7 DAS PLAGIAT

Die Plagiatsaffären der vergangenen Jahre haben das Thema Plagiat nicht nur ins Zentrum der öffentlichen Aufmerksamkeit gerückt, sondern auch Lehrende und Studierende sensibilisiert: Auf der einen Seite schöpfen Lehrende nun eher Verdacht, wenn eine Arbeit „gestochen scharf" klingt, und überprüfen Arbeiten vermehrt auf Plagiate, teilweise auch mithilfe bestimmter Programme zur Plagiatserkennung. Auf der anderen Seite begegnen uns immer wieder Studierende in Seminaren, die vor lauter Angst, versehentlich zu plagiieren, gar nicht erst mit dem Schreiben anfangen oder jeden einzelnen Satz mit einer Quellenangabe versehen und sich nicht trauen, eigene Gedanken zu formulieren. Deshalb möchten wir in diesem Kapitel das Thema versachlichen. Denn: Sie brauchen keine Angst vor Plagiaten zu haben, wenn Sie die Techniken wissenschaftlichen Arbeitens anwenden.

Was ist ein Plagiat? Ein Plagiat ist, im weitesten Sinne, der Diebstahl fremden geistigen Eigentums. Anders ausgedrückt: Sozialwissenschaftler*innen „produzieren" nichts anderes als Erkenntnisse, die sie in Form von Texten veröffentlichen. Werden diese Erkenntnisse nicht als die Erkenntnisse der Autor*innen gekennzeichnet, dann entsteht der Eindruck, der Gedanke sei von einem selbst – man stiehlt geistiges Eigentum. Ein Plagiat ist die

> „... direkte oder indirekte Übernahme fremder Inhalte. Diese Inhalte können Argumente, Erklärungen, Fakten, Interpretationen, Entdeckungen, Konklusionen, Quellenverzeichnisse oder die Struktur einer anderen Arbeit sein. (...) Die Übernahme wird nicht kenntlich gemacht, d. h., es gibt keine Quellenangabe bzw. Anführungsstriche bei wörtlicher Übernahme. Folglich erscheinen die Übernahmen als eigene Arbeit." (Sattler 2007, S. 35)

Wer also Worte, Gedanken, Sätze, Tabellen, Schaubilder etc. Anderer nicht durch eine Quellenangabe als fremdes Gedankengut kennzeichnet, plagiiert. Plagiate sind somit mehr als nicht gekennzeichnete wörtliche Übernahmen fremder Texte („copy-and-paste-Prinzip"). Auch wer einzelne Worte verändert, Sätze umstellt, mehrere Abschnitte mischt und neu zusammensetzt („shake-and-paste-Prinzip"), Graphiken leicht verändert usw. ohne die Quelle anzugeben, bedient sich fremden Gedankengutes und plagiiert. Zusammengefasst: Ein Plagiat ist abschreiben, ohne transparent zu machen, bei wem abgeschrieben wurde. Wer bewusst plagiiert, ist unehrlich, weil er oder sie Gedanken Anderer als die eigenen ausgibt. Einen Text abzugeben, der Plagiate enthält, ist (versuchter) Betrug. Die prüfungsrechtlichen Konsequenzen können dabei von einer Verwarnung bis zum Ausschluss von sämtlichen Prüfungen und damit de facto zur Exmatrikulation reichen.

Wie können Sie Plagiate vermeiden? Wichtig ist zunächst, dass Sie selbstverständlich mit dem Gedankengut anderer Autor*innen arbeiten müssen. Die Arbeit und Auseinandersetzung mit den Ideen, Argumenten oder Theorien anderer Wissenschaftler*innen ist ein Hauptbestandteil wissenschaftlichen Arbeitens. Sie müssen hierbei die Übernahme der fremden Inhalte oder Gedanken kennzeichnen und die Quelle angeben (vgl. Kapitel 6.5). Verinnerlichen Sie die Zitierregeln und den Umgang mit Quellen. Alle Medien, die Sie für Ihre

Arbeit benutzt haben, müssen entsprechend gekennzeichnet und im Literatur- oder Quellenverzeichnis aufgeführt werden. Dazu gehören neben Printmedien (Bücher, Sammelbände, Lexika, Artikel in Zeitschriften etc.) auch Internetquellen, Dokumente, Gesetzestexte, Manuskripte, Interviews oder Briefe sowie Bildquellen, wie beispielsweise Filme, Graphiken oder Schaubilder etc.

Selbstverständlich gehören Worte allen. Sie dürfen deswegen in Ihren Ausführungen Begriffe verwenden, die auch andere Autor*innen verwenden. Fachbegriffe müssen Sie jedoch einführen und die Autor*in angeben, auf die Sie sich beziehen. Sind diese Begriffe einmal eingeführt, müssen Sie diese Quelle nicht wiederholen: Wenn Sie beispielsweise eine Hausarbeit über den lebensweltorientierten Ansatz von Hans Thiersch schreiben und zunächst den Begriff „Lebenswelt" nach Thiersch definieren, dann müssen Sie hier auch das bzw. die entsprechende Werke von Thiersch als Quelle angegeben. Im Folgenden können Sie dann den Begriff „Lebenswelt" im Sinne Thierschs verwenden, ohne immer wieder von neuem die Quelle angeben zu müssen.

Wenn Sie sich tief in ein Thema eingearbeitet haben, vergessen Sie manchmal, aus welchem Buch ein Gedanke oder ein Zitat war. Vermerken Sie deshalb bereits in Ihren Exzerpten (wörtliche) Zitate und Quellenangaben, die Sie später evtl. für Ihre Hausarbeit nutzen möchten. Wenn Sie Texte kopieren, kopieren Sie sich immer auch die Seite mit den bibliographischen Angaben des Buches mit, damit Sie auch später noch wissen, aus welchem Buch der Text stammt. Kennzeichnen Sie Zitate oder entlehnte Stellen direkt im Erstentwurf des Textes und fügen Sie die Quelle ein. Aktualisieren Sie das Quellenverzeichnis möglichst sofort, wenn Sie eine neue Quelle verwenden. Überprüfen Sie bei der Endkorrektur, ob alle Zitate stimmen, alle Quellen angegeben sind und das Literaturverzeichnis mit den im Text verwendeten Quellen übereinstimmt.

Bei aller Sorgfalt sollen diese Hinweise Sie nicht am selbstständigen Denken hindern oder wie Goethe (2016/1829) feststellt: „Alles Gescheite ist schon gedacht worden, man muss nur versuchen, es noch einmal zu denken." Ziehen Sie eigene Schlussfolgerungen, bauen sie eigene Argumentationsketten auf und versuchen Sie beim

Schreiben Abstand von den von Ihnen gelesenen Texten zu bekommen, um einen eigenständigen Text zu produzieren. Viele Studierende, die plagiieren, tun dies aus Unsicherheit. Weil sie sich nicht so ausdrücken können, wie die Autor*innen der Texte, die sie lesen, übernehmen sie ganze Passagen und tauschen nur einzelne Wörter aus. Aber: Als Student*in sind Sie Lernende. Niemand erwartet, dass Sie bereits geschliffen schreiben, wenn Sie Ihr Studium beginnen. Haben Sie Mut, selbst zu schreiben und legen Sie notfalls den Originaltext einfach mal beiseite. Nehmen Sie jeden Text als Chance, die Techniken wissenschaftlichen Arbeitens einzuüben. Nutzen Sie Unterstützungsangebote Ihrer Hochschule und der Studierendenwerke. Holen Sie sich Feedbacks zu Ihren Prüfungsleistungen ein.

Grundsätzlich gilt: Wissenschaftliche Quellen sind der Werkstoff, mit dem Sie arbeiten! Deshalb: Lernen Sie den richtigen Umgang mit Quellen und achten Sie das Gedankengut Anderer als fremdes Eigentum. Auf diese Weise kommen Sie wunderbar ohne Plagiate durchs Studium.

Sie vermeiden Plagiate, wenn
- Sie alle Quellen angeben (vgl. Kapitel 6.5 und 6.6)
- Sie eine eigene Textstruktur entwickeln (vgl. Kapitel 6.1)
- Sie eine eigene Fragestellung entwickeln (vgl. Kapitel 5)
- Sie eigene Gedanken formulieren, eigene Argumentationsketten aufbauen und eigene Schlussfolgerungen ziehen.

6.8 Das Formatieren

Ein gut formatierter Text liest sich angenehm. Die Leser*in kann ihren Ausführungen besser folgen, weil die Formatierung den Inhalt strukturiert.

Wenn Sie von Ihrer Dozent*in ein eigenes Handout zur formalen Gestaltung von Arbeiten erhalten haben, sollten Sie sich unbedingt daran halten. Ansonsten empfehlen wir folgende Formatierungen:

Seitenformatierung
- DIN A4, Hochformat; Blätter nur einseitig bedrucken
- Seitenränder:
  links: 2,0 bis 2,5 cm
  rechts: 3,0 bis 4,0 cm
  oben: 2,5 cm
  unten: 2,0 cm
- Seiten durchlaufend nummerieren (keine Seitenzahl auf dem Titelblatt)
- einspaltiger Text

Schriftart
- Schriftart: „Arial", „Helvetica" oder ähnliche serifenlose Schriftart sind barrierearm. Schriftarten mit Serifen wie „Times New Roman" oder „Garamond" können Menschen mit einer Sehbehinderung aufgrund der kleinen Häkchen an den Buchstaben nur schwer oder gar nicht lesen.

Schriftgröße und Zeilenabstand
- Fließtext: 11 pt mit Zeilenabstand 1,5 (bei „Arial" oder „Helvetica");
- Überschriften: 14 pt oder 12 pt, je nach Schrifttyp
- Fußnoten oder Zitate über 3 Zeilen: 10 pt mit einfachem Zeilenabstand
- Absatz: 6 oder 8 pt
- Fließtext im Blocksatz ausrichten (arbeiten Sie mit Silbentrennung)
- Hervorhebungen im Text kursiv oder fett setzen, nicht unterstreichen

Da studentische Arbeiten meist nicht veröffentlich werden, werden sie häufig in Blocksatz gesetzt, obwohl eine linksbündige Ausrichtung ohne Silbentrennung barrierefreier ist. Sprechen Sie ggf. mit Ihrer Dozent*in ab, was gewünscht ist. Legen Sie sich am besten eine Formatvorlage an, bevor Sie mit dem Schreiben beginnen. Dann sind Seitenränder, Textgröße, Zeilenabstände etc. beim Schreiben bereits voreingestellt. Formatvorlagen vereinfachen Ihnen die Arbeit auch, weil sich beispielsweise die Gliederungsnummern und das Inhaltsverzeichnis automatisch aktualisieren lassen, wenn sich im Arbeitsprozess etwas verschiebt. Formatierte Dokumente weisen zudem weniger Barrieren auf, weil sie Menschen mit einer Sehbehinderung die Orientierung im Text erleichtern. Sie können beispielsweise unterscheiden, ob es sich bei der gelesenen Zeile um eine Überschrift oder um Fließtext handelt. Formatvorlagen können Sie selbst erstellen oder sich Muster aus dem Internet oder ggf. auch auf der Webseite Ihrer Hochschule herunterladen. Wenn Sie wenig Erfahrung in der Arbeit mit Formatvorlagen haben, empfehlen wir ergänzend einen entsprechenden Kurs zu besuchen.

In den meisten Fällen werden Sie Ihre Arbeit entweder in digitaler oder in ausgedruckter Form abgeben, teilweise werden auch beide Formen gefordert. Wenn nicht anders angegeben, so speichern Sie Ihr Dokument als PDF (Portable Document Format) ab. So können Sie sichergehen, dass Ihre Dozent*in das Dokument auch öffnen kann und sich die Formatierung nicht verschiebt. Geben Sie Ihrem Dokument einen aussagekräftigen Namen, damit die Dozent*in die Arbeit leicht zuordnen kann. Üblich ist eine Kombination aus Nachname, Modul und Semester, z. B. „Mueller_Modul5_SoSe2016.pdf".

Trotz Formatvorlage werden Sie nicht umhinkommen, Ihren Text nochmals abschließend zu formatieren. Die Endformatierung von Arbeiten kann sehr zeitintensiv werden, da sich meist doch noch Formatierungsfehler eingeschlichen haben, Quellenangaben fehlen, Graphiken verschieben usw. Beachten Sie dies bei Ihrer zeitlichen Planung.

- Die Hochschule für angewandte Wissenschaften und Kunst hat viele Tutorials zur Formatierung einer wissenschaftlichen Arbeit mit Word auf youtube eingestellt: https://www.youtube.com/watch?v=e53GMQpZAzE
- Bei der Arbeit mit Libri-Office unterstützt ein wicki: http://wiki.zum.de/wiki/Verfassen_von_wissenschaftlichen_Arbeiten_mit_LibreOffice

7. TEILE EINES WISSENSCHAFT- LICHEN TEXTES

Ein wissenschaftlicher Text wird in mehrere Teile untergliedert. Bei jeder Textart kommen Einleitung, Hauptteil, Schluss und Literaturverzeichnis vor. Zudem müssen Sie Angaben zur Verfasser*in und der Art der Arbeit machen. Je nach Umfang finden diese Angaben auf dem Deckblatt oder in der Kopfzeile der Arbeit ihren Platz.

Grundsätzlich werden folgende Teile unterschieden:

- Deckblatt
- ggf. Abstract
- Inhaltsverzeichnis
- ggf. Abkürzungsverzeichnis
- ggf. Tabellen- und/oder Abbildungsverzeichnis
- Einleitung
- Hauptteil
- Schluss
- Literatur-/Quellenverzeichnis
- ggf. Anhang (bei mehreren Anhängen Anhangsverzeichnis)
- ggf. eidesstattliche Erklärung (zwingend erforderlich bei einer Abschlussarbeit)

Die einzelnen Teile eines wissenschaftlichen Textes werden im Folgenden vorgestellt. Als Beispiel dient eine Haus- oder Abschlussarbeit.

7.1 Das Deckblatt

Auf dem Deckblatt müssen alle wichtigen Informationen übersichtlich dargestellt werden. Für die Leser*in ist es wichtig, wo die Arbeit geschrieben wurde. Sie müssen also Hochschule, Institut bzw. Fakultät und Studiengang angeben. Weiterführend muss ersichtlich sein, in welcher Lehrveranstaltung oder welchem Modul und bei welcher Dozent*in die Arbeit verfasst wurde. Die Leser*in wird über die Art der abgegebenen Arbeit informiert. Handelt es sich um eine Hausarbeit, um einen Praxisbericht oder um eine Thesis? Zwingend zu benennen sind der Titel der Arbeit und das Datum der Abgabe. Schließlich gehören noch Angaben zur Verfasser*in auf das Deckblatt: Name, Matrikelnummer und E-Mail-Adresse, ggf. auch die Postadresse.

Bei den Angaben auf dem Titelblatt handelt es sich um Formalien – mit Ausnahme des Titels. Um diesen sollten Sie sich auch inhaltlich Gedanken machen. Ein Titel muss prägnant sein sowie kurz und knapp Auskunft über das Thema der Arbeit geben. Im Untertitel können Sie den Inhalt der Arbeit weiter präzisieren. Ein guter Titel weckt darüber hinaus die Neugierde der Leser*innen. Titel dieser Art spielen mit Bildern, Wörtern und Zitaten. „Wie die Gruppe laufen lernt" (Langmaack; Braune-Krickau 2010) ist ein inhaltlich und stilistisch gelungener Titel, aber auch „Wie in der Sozialen Arbeit etwas zum Problem wird" (May 2005) macht neugierig auf den kommenden Text.

Für das Layout gibt es keine einheitlichen Vorgaben. Kriterium für ein gelungenes Layout ist die Übersichtlichkeit. Wissenschaftliche Arbeiten haben meist ein schlichtes Layout. Es ist möglich, aber nicht üblich, ein Bild auf das Deckblatt zu setzen. Wenn Sie ein Bild verwenden möchten, sollte dieses thematisch passend sein und Sie sollten die Urheberrechte im Blick behalten.

7.2 Das Abstract

Ein Abstract ist eine kurze und aussagekräftige Zusammenfassung eines Textes. Vielfach finden Sie Abstracts vor Fachartikeln. Auch einige Datenbanken liefern bei der Recherche ein Abstract gleich mit (vgl. Kapitel 3.3.2). Ein Abstract bietet den Leser*innen einen prägnanten Überblick über die Problem- und die Fragestellung des Textes, die Methoden oder Schritte zur Beantwortung dieser Frage, sowie die Hauptergebnisse. Zugleich soll das Abstract klar und verständlich formuliert sein, den Inhalt des Textes möglichst präzise zusammenfassen und keine Bewertungen oder Interpretationen enthalten.

Beim Verfassen eines Abstract können folgende Fragen weiterhelfen: Was ist das Ziel des Textes/der Arbeit? Was sind die wichtigsten Ergebnisse? Wie habe ich methodisch gearbeitet und welche Schritte bin ich gegangen? Versuchen Sie, diese Sätze kurz und knapp zu beantworten. Gehen Sie dazu nochmals Ihren Text durch und suchen Sie nach entsprechenden Textpassagen, die Kernaussagen zu diesen Fragen enthalten. Versuchen Sie, diese Textpassagen in einem oder zwei Sätzen zusammenzufassen. Bringen Sie diese Sätze in eine logische Reihenfolge, die für die potentiellen Leser*innen gut nachvollziehbar ist (vgl. Kapitel 6.1). Überarbeiten Sie den Text dann sprachlich (vgl. Kapitel 6.4), sodass ein flüssiger Text entsteht, der den Inhalt der Arbeit wiedergibt und zugleich auch ein wenig neugierig auf den Text macht.

7.3 Das Inhaltsverzeichnis

Ein Inhaltsverzeichnis gibt einen schnellen Überblick über die Gliederung der Haus- oder Abschlussarbeit. Es sollte deshalb logisch strukturiert sein und möglichst nicht über die dritte Gliederungsebene hinausgehen, weil der Text sonst leicht zerfasert. Die Kapitelüberschriften sollten treffend und prägnant sein, damit die Leser*in sofort eine Idee davon bekommt, worum es in dem entsprechenden Kapitel geht. Es gibt verschiedene Möglichkeiten zu gliedern, beispielsweise mit Ziffern oder einer Kombination aus Buchstaben und Ziffern. Entscheiden Sie sich für eine Gliederungsart und behalten Sie diese dann konsequent bei. Üblich ist die Variante mit arabischen Ziffern, wie sie auch im Inhaltsverzeichnis dieses Buches verwendet wird. Ob Sie der Einleitung den ersten Gliederungspunkt zuweisen oder ihr keinen eigenen Gliederungspunkt geben, ist Ge-

schmackssache. Wichtig ist jedoch, dass jedem Gliederungspunkt
entweder kein oder aber mindestens zwei Unterpunkte folgen: Wenn
es einen Gliederungspunkt 1.1 gibt, muss es auch einen Gliederungspunkt 1.2 geben. Achten Sie auf ein Layout, das die Übersichtlichkeit gewährleistet.

Das Inhaltsverzeichnis gibt der Dozent*in einen ersten Eindruck
vom inhaltlichen Aufbau und der Breite/Tiefe Ihrer Arbeit. Der Hauptteil sollte selbstverständlich die meisten Seiten umfassen. Hinleiten-
de Kapitel, wie zum Beispiel die geschichtliche Einordnung eines
Gegenstandsbereichs, sollten hingegen knapp gehalten sein.

Jedes Textverarbeitungsprogramm kann Inhaltsverzeichnisse automatisch erstellen. Sie müssen sich also nicht die Mühe machen,
das Inhaltsverzeichnis selbst anzufertigen und die Seitenzahlen immer wieder von Hand zu aktualisieren (vgl. Kapitel 6.8).

7.4 Weitere Verzeichnisse

Wenn Sie in Ihrer Arbeit viele komplizierte Eigennamen von Institutionen oder bestimmte Fachbegriffe verwenden, kann es sinnvoll
sein, mit Abkürzungen zu arbeiten. Verfassen Sie beispielsweise
eine Arbeit über Themenzentrierte Interaktion (TZI), ist es zum einen
für den Lesefluss günstig, mit der Abkürzung TZI zu arbeiten, zum
anderen ist diese Abkürzung sowohl in der Praxis als auch im wissenschaftlichen Kontext gebräuchlich. Dieses Vorgehen ist sinnvoll
bei Bezeichnungen, die z.B. relativ lang oder schwer lesbar sind
und häufig in Ihrer Arbeit vorkommen. Wichtig ist, dass Sie im Fließtext die Bezeichnungen einmal einführend vollständig benennen und
unmittelbar dahinter in Klammern die Abkürzung angeben (wie im
Beispiel oben). Im Folgenden können Sie im Fließtext dann mit der
Abkürzung weiterarbeiten. Vergeben Sie nicht wild eigene Abkürzungen, sondern verwenden Sie die korrekten Abkürzungen und gehen
Sie sparsam mit Abkürzungen um.

Verwenden Sie viele Abkürzungen, kann ein Abkürzungsverzeichnis den Überblick erleichtern, welches hinter das Inhaltsverzeichnis
gesetzt wird. Die verwendeten Abkürzungen werden alphabetisch
im Abkürzungsverzeichnis aufgeführt. Das Abkürzungsverzeichnis

enthält nur Abkürzungen, die nicht als allgemein bekannt vorausgesetzt werden können, wie beispielsweise Abkürzungen für Fachbezeichnungen, Institutionen, Studien, Forschungsinstitute und längere Eigennamen. Allgemein bekannte Abkürzungen, wie beispielsweise „usw.", „i. d. R.", „z. B.", „USA", „ARD", werden dort nicht aufgeführt.

Verwenden Sie in Ihrer Arbeit viele Abbildungen oder Tabellen, sollten Sie auch hier ein entsprechendes Verzeichnis erstellen. Dieses wird entweder hinter das Inhaltsverzeichnis eingefügt oder Sie fügen es am Ende Ihrer Arbeit nach dem Literaturverzeichnis ein. Abbildungen werden in einem Abbildungsverzeichnis, Tabellen in einem Tabellenverzeichnis aufgeführt. Sollten Sie nur wenige Abbildungen und Tabellen haben, können Sie diese auch unter einem „Darstellungsverzeichnis" gemeinsam aufführen. Ähnlich wie ein Inhaltsverzeichnis kann auch ein Abbildungs-, Tabellen- oder Darstellungsverzeichnis in einem Textverarbeitungsprogramm automatisch erstellt werden.

Für Abbildungs-, Tabellen- oder Darstellungsverzeichnisse gilt: Abbildungen und Tabellen versehen Sie in Ihrem Text mit einer eigenen Bezeichnung (Tab., Abb.), einer laufenden Nummer, einem Titel und ggf. der Angabe der Quelle (vgl. Kapitel 6.5). Die Bezeichnung, Nummer sowie der Titel werden dann mit der entsprechenden Seitenzahl in das jeweilige Verzeichnis aufgenommen. Die Abbildungen und Tabellen werden entsprechend den Seitenzahlen sortiert aufgeführt. Die Quellenangabe entfällt hier.

Der formale Aufbau eines solchen Verzeichnisses, hier am Beispiel eines Darstellungsverzeichnisses, kann wie folgt aussehen[2]:

Darstellungsverzeichnis

Abb. 1: Entwicklung der gleichgeschlechtlichen Lebenspartnerschaften
2005 bis 2015   9
Abb. 2: Entwicklung der eingetragenen Lebenspartnerschaften
2006 bis 2014   12
Tab. 1: Lebensformen in der Bevölkerung 2005 und 2015   14
usw.

---

2   Als weitere Beispiele für ein Abbildungs- und Tabellenverzeichnis sehen Sie sich die Verzeichnisse dieses Buches an.

Beachten Sie, dass Darstellungen den Text veranschaulichen und verdeutlichen. Sie sollten in sich selbsterklärend sein. Prüfen Sie daher genau, ob eine Darstellung Sinn macht oder nicht und nehmen Sie im Text immer darauf Bezug.

7.5 Die Einleitung

Nehmen Sie Ihre Einleitung wörtlich – leiten Sie das Thema ein. Überhäufen Sie die Leser*in jetzt nicht mit Fakten, sondern machen Sie Lust auf den weiteren Text und stecken Sie zugleich den Rahmen Ihrer Arbeit ab. Eine Einleitung dient dazu, den Leser*innen folgende Fragen zu beantworten:

1. Warum ist das Thema besonders wichtig, aktuell oder interessant?
2. In welcher größeren Problemstellung ist die Arbeit verortet?
3. Was ist der Gegenstand der Arbeit, sprich: Worum geht es genau?
4. Was wird in der Arbeit behandelt und was wird aus welchen Gründen nicht berücksichtigt?
5. Welche Fragestellung liegt der Arbeit zugrunde und was ist das Ziel der Arbeit?
6. Wie wird die Fragestellung bearbeitet und wie ist die Arbeit aufgebaut?

Sie werden meist einen persönlichen Bezug zum Thema haben. Diese „persönliche Relevanz" kann interessant sein, sollte jedoch, wenn Sie gar nicht darauf verzichten möchten, sehr knapp gehalten werden. Wenn Sie die Leser*in besonders fesseln wollen, können Sie zu Beginn aufmerksamkeitserzeugende Effekte einsetzen. Anhand dieser Stilmittel versuchen Sie, auf den kommenden Text neugierig zu machen. Geeignet sind zum Beispiel ein provokantes Zitat, ein gut geschildertes Beispiel oder eine Statistik. Solche Stilmittel dürfen in einer wissenschaftlichen Arbeit nicht überzogen werden. Gut gesetzt können Sie aber ein Gewinn sein.

Nachdem Sie Interesse für das Thema geweckt und den Rahmen Ihrer Arbeit abgesteckt sowie den Gegenstand und die Zielsetzung erläutert haben, rollen Sie den „roten Faden" auf. Dieser rote Faden ist Ihre Leitfrage. Erläutern Sie im Anschluss, wie Sie bei der Beantwortung dieser Frage vorgehen wollen, bei empirischen Arbeiten stellen Sie die Forschungsmethodik vor. Damit geben Sie der Leser*in einen Überblick über den Aufbau Ihrer Arbeit. Schildern Sie das konkrete Vorgehen und in welche Schritte sich Ihre Arbeit gliedert. Wiederholen Sie hierbei nicht eins zu eins das Inhaltsverzeichnis, sondern machen Sie deutlich, welcher Schritt wozu dient.

7.6 Der Hauptteil

Im Hauptteil bereiten Sie das Thema inhaltlich auf und beantworten die Fragestellung Ihrer Arbeit.

- Argumentieren Sie stringent. Stellen Sie sicher, dass Ihre Argumente logisch aufeinander aufbauen und durch wissenschaftliche Quellen gestützt werden.
- Stellen Sie einen klaren Bezug zu Thema, Ziel und Fragestellung Ihrer Arbeit her. Alles, was Sie im Hauptteil schreiben, muss der Beantwortung Ihrer Fragestellung dienen.
- Achten Sie auf Proportionalität. Elemente, die einen starken Bezug zur Leitfrage haben, sollten einen größeren Textumfang aufweisen, bei weniger zentralen Punkten sollten Sie sich möglichst kurz fassen.
- Nehmen Sie eine kritische Haltung ein. Beschreiben Sie die vorgestellten Theorien, Konzepte und Ansätze nicht lediglich, sondern hinterfragen Sie diese auch kritisch. Beziehen Sie zu Theorien, Modellen oder Konzepten einen eigenen Standpunkt. Hinterfragen Sie beispielsweise, ob neuere Ansätze oder theoretische/methodische Weiterentwicklungen wirklich grundlegend neuartig sind oder ob es sich lediglich um neue Kombinationen von Altbekanntem handelt. Übernehmen Sie Ansätze nicht einfach, sondern forschen Sie nach, wie diese von anderen Wissenschaftler*innen diskutiert und ggf. auch kritisiert werden.
- Je nach Thema und Fragestellung kann es sinnvoll sein, einen interdisziplinären Blickwinkel einzunehmen und auf Erkenntnisse von Bezugswissenschaften zurückzugreifen.

- Führen Sie die einzelnen Kapitel jeweils mit einem kurzen Überblick ein und fassen Sie am Ende des Kapitels die wichtigsten Ergebnisse noch einmal prägnant zusammen. Formulieren Sie Übergänge zwischen den einzelnen Elementen des Hauptteils.
- Strukturieren Sie Ihren Text durch Elemente wie Absätze und Hervorhebungen. Verwenden Sie diese Elemente in Maßen. Ein Text, der nach jedem zweiten Satz einen Absatz enthält, hat keine übersichtliche Struktur. Versuchen Sie durch das gezielte Setzen von Absätzen Sinneinheiten zu bilden, sprich Textabschnitte optisch für die Leser*in zu gliedern. Machen Sie sich Gedanken, wann eine Hervorhebung oder ein Absatz sinnvoll ist und wann nicht. Verwenden Sie Hervorhebungen sparsam und greifen Sie nicht auf zu viele verschiedene Elemente zurück (vgl. Kapitel 6.8).

7.7 DER SCHLUSS

Der Schlussteil besteht aus zwei wesentlichen Elementen: einer Zusammenfassung und einem Ausblick – egal ob die Überschrift „Fazit", „Schlussbetrachtung", „Resümee", „Zusammenfassung und Ausblick" o. Ä. heißt. Die Zusammenfassung blickt auf das Gewesene zurück, der Ausblick nach vorn. Klären Sie mit der Dozent*in ab, welchen Umfang der Schlussteil haben soll. In der Regel sollten Einleitung und Schluss etwa 10 bis 20 % der Arbeit umfassen.

In der Zusammenfassung rekapitulieren Sie zum einen kurz und prägnant die wesentlichen Stationen Ihrer Arbeit und zeigen nochmals Ihre Hauptargumentationslinie auf. Zum anderen fassen Sie die zentralen Ergebnisse und Erkenntnisse zusammen. Sie sollten beim Verfassen des Schlussteils unbedingt im Blick behalten, dass die Präsentation und Diskussion Ihrer Ergebnisse vor allem im Hauptteil stattfindet. Versuchen Sie im Schlusskapitel, aus Ihren Ergebnissen eine Gesamtbewertung abzuleiten, ziehen Sie Bilanz zu Ihren Arbeitsschritten und deren Ergebnissen.

Der Ausblick projiziert die zentralen Ergebnisse Ihrer Arbeit auf die Zukunft. Stellen Sie heraus, welche Entwicklungen notwendig sind, um in der Arbeit identifizierte Probleme zu lösen, oder welche Probleme sich evtl. erst noch ergeben werden. Welche neuen Fragen hat Ihre Arbeit aufgeworfen, welche Fragen sind unbeantwortet geblieben oder sollten in zukünftigen Untersuchungen beantwortet werden? Und wie lassen sich Ihre Ergebnisse auf die Praxis oder den theoretischen Diskurs beziehen?

Der Schluss schlägt den Bogen zum Beginn Ihrer Arbeit. Er gibt Antworten auf die Fragen, die in der Einleitung aufgeworfen wurden und setzt die Arbeitsergebnisse wieder in den größeren Gesamtkontext der Arbeit. Lesen Sie sich die Einleitung nochmals durch, bevor Sie mit der Formulierung des Schlussteils beginnen. So wirkt das Ganze wie aus einem Guss und Sie verlieren die in der Einleitung aufgeworfenen Fragen im Schlussteil nicht aus den Augen.

7.8 DAS LITERATUR- ODER QUELLENVERZEICHNIS

Zur Ihrer Arbeit gehört zwingend ein Literatur- oder Quellenverzeichnis. Achten Sie beim Verfassen des Literaturverzeichnisses auf Genauigkeit und eine alphabetische Reihenfolge. Wie Sie die einzelnen Quellen angeben müssen, können Sie im Kapitel 6.6 nachlesen. Das Literaturverzeichnis steht am Ende der Arbeit, nach dem Haupttext, und hat keinen eigenen Gliederungspunkt.

7.9 DER ANHANG

Wenn Sie beispielsweise eine vergleichende Arbeit über Praxiskonzepte schreiben oder eine empirische Arbeit verfassen möchten, dann werden Sie vermutlich einige zusätzliche Materialien haben, die zum Verständnis der Arbeit wichtig sind. Dies können beispielsweise Konzepte von Einrichtungen sein, Interviewleitfäden, Fragebögen, Auswertungstabellen etc. Diese Materialen sind für den Hauptteil Ihrer Arbeit bedeutsam, aber nicht so zentral, dass Sie dort direkt aufgenommen werden müssten. Diese Materialien gehören in den Anhang Ihrer Arbeit. Im Fließtext der Arbeit setzen Sie an gegebener Stelle Querverweise auf die Materialien im Anhang. Bei mehreren Anhängen sollten Sie ein eigenes Anhangsverzeichnis anlegen. Das Anhangsverzeichnis folgt unmittelbar nach dem Literaturverzeichnis. Gliedern Sie Anhänge logisch: Bei mehreren verschiedenen Be-

standteilen im Anhang fassen Sie diese in sinnvolle Einheiten zusammen, wie nachfolgendes Beispiel verdeutlicht:

Anhangsverzeichnis		
Anhang A:		
A.1	Organigramm der Einrichtung Beispielshausen	36
A.2	Organigramm des Fachbereiches „Betreutes Wohnen"	37
Anhang B:		
B.1	Interviewleitfaden	38
B.2	Transkript des Interviews mit Frau X.	40
B.3	Transkript des Interviews mit Herr Y.	51

Die Seitennummerierung kann im Anhang auch entfallen, wenn Sie
beispielsweise Dokumente dort aufnehmen, die eine eigene Seiten-
zählung beinhalten oder es technisch zu aufwändig wäre, die Seitennummerierung der Arbeit im Anhang fortlaufend weiterzuführen. In
diesem Fall geben Sie nur die Bezeichnung im Anhangsverzeichnis
an.

Nachdem in diesem Kapitel die einzelnen Teile schriftlicher Arbeiten am Beispiel einer Haus- oder Abschlussarbeit beschrieben
wurden, werden wir im folgenden Kapitel andere Formen schriftlicher
wissenschaftlicher Arbeiten betrachten und auf deren Besonderheiten eingehen.

8. ARTEN VON SCHRIFTLICHEN ARBEITEN

Die Wissenschaft kennt unterschiedliche Formen von schriftlichen Arbeiten: beispielsweise das Paper, in dem Sie sich auf wenigen Seiten mit einem Thema auseinandersetzen, die umfangreichere Haus- und Abschlussarbeit, die Textanalyse, das Essay. Eine neuere Form stellt das Portfolio dar.

Alle soeben genannten schriftlichen Arbeiten müssen wissenschaftlichen Standards genügen (vgl. Kapitel 6.2). Aus jeder Arbeit muss erkennbar sein, von wem sie in welchem Rahmen geschrieben wurde, welche wissenschaftlichen Quellen genutzt wurden usw. Die Textarten unterscheiden sich jedoch in ihrer Zielsetzung, ihrer Länge und ihrer Form.

8.1 DAS PAPER

Ein Paper ist ein kurzer Text, im dem Sie sich mit einer Fragestellung auseinandersetzen. Ein Paper sollte nicht mehr als fünf Seiten umfassen. In verkürzter Form werden bei einem Paper fast alle Arbeitsschritte einer schriftlichen Arbeit durchlaufen. Auch ein Paper braucht eine beschreibende oder analytische Fragestellung und eine Struktur, die sich aus der Frage ableiten lässt. Es braucht passende Literatur, um die Frage zu beantworten. Alle Aussagen, die nicht auf Ihren eigenen Gedanken beruhen, müssen Sie belegen. In gewisser Weise ist es schwieriger ein Paper zu schreiben als eine Hausarbeit. Das Thema muss eng umrissen, die Leitfrage sehr zugespitzt formuliert sein, die Literatur muss genau auf diesen sehr eng gesetzten Rahmen passen und Sie haben wenig Platz, Ihre Gedanken darzulegen.

Die Formatierung kann von der üblichen Formatierung abweichen. So ist häufig ein einfacher Zeilenabstand möglich und auch die Maße der Seitenränder sind variabel. Sprechen Sie dies mit Ihrer Dozent*in ab. Bei einem Paper können Sie die Informationen aus dem Deckblatt ggf. in die Kopfzeile setzen. Auch ein Paper hat eine Einleitung, einen Hauptteil und einen Schluss sowie ein Literaturverzeichnis. Ein Inhaltsverzeichnis ist meist nicht erforderlich.

8.2 Die Textanalyse

Ziel einer Textanalyse ist es, der Leser*in zu verdeutlichen, dass Sie einen Text kritisch lesen, hinterfragen und in den Gesamtzusammenhang des wissenschaftlichen Kontextes stellen können. Eine Textanalyse besteht aus vier Teilen: Dem Entstehungskontext, einer kurzen inhaltlichen Zusammenfassung, der eigentlichen Analyse und einem Schluss. Einführend wird, vor allem bei historischen Texten, der Entstehungskontext beschrieben. Was war der Schreibanlass für das Schriftstück? Aus welcher Position heraus hat die Autor*in diesen Text verfasst? Welche Funktion hat der Text? In welchem sprachlichen Stil ist er geschrieben und an wen richtet er sich? Anschließend fassen Sie im folgenden Teil den Inhalt und die Argumentationslinien des Textes kurz zusammen.

Nun kommen Sie zur eigentlichen Analyse des Textes, der das Herzstück Ihrer Arbeit bildet. Setzen Sie sich kritisch mit dem Text auseinander. Welche Aussagen der Autor*in sind problematisch und warum? Welche Schwachstellen gibt es in der Argumentationslinie? Welche Punkte haben eine große Aktualität? An welchen Stellen eröffnet der Text neue Sichtweisen? Welche Bedeutung hat der Text für die Soziale Arbeit? Der eigentlichen Analyse muss eine logische und stringente Struktur zugrunde liegen (vgl. Kapitel 6.1). Schließen Sie den Text mit einer Zusammenfassung der zentralen Analyseergebnisse und geben Sie ggf. einen Ausblick.

Beachten Sie bei der Analyse die Grundlagen wissenschaftlichen Arbeitens. Sie werden hauptsächlich mit dem zu analysierenden Text arbeiten, müssen aber weitere Literatur hinzuziehen, um den Text in seinen historischen Kontext zu setzen oder den Aussagen der Autor*in Aussagen oder Ansichten anderer Autor*innen gegenüberzustellen. Die Literaturrecherche ist deswegen bei einer Textanalyse besonders anspruchsvoll, weil Sie nach einigen wenigen treffenden Texten suchen. Ein Deckblatt ist für eine Textanalyse nicht zwingend erforderlich. Wird darauf verzichtet, müssen die Angaben aus dem Deckblatt in der Kopfzeile untergebracht werden. Die Formatierung richtet sich nach den allgemeinen Angaben zum wissenschaftlichen Arbeiten. Bei kurzen Textanalysen ist teilweise ein einzeiliger Zeilenabstand möglich. Ein Literaturverzeichnis gehört zur Textanalyse, wie zu jeder wissenschaftlichen Arbeit, dazu. Die Länge einer Textanalyse kann je nach Art und Länge des Textes stark variieren. Beachten Sie hier die Vorgaben Ihrer Dozent*in.

8.3 Die Haus- oder Abschlussarbeit

Die Haus- oder Abschlussarbeit ist eine umfassende Arbeit, bei der Sie alle Arbeitsschritte einer wissenschaftlichen Arbeit durchlaufen (vgl. Kapitel 2). Ziel einer deskriptiven Arbeit ist es, einen Sachverhalt korrekt wiederzugeben. Bei einer analytischen Arbeit entwickeln Sie eine Fragestellung, die Sie mit Hilfe von wissenschaftlicher Literatur beantworten. Eine Haus- oder Abschlussarbeit enthält immer ein Deckblatt, ein Inhaltsverzeichnis, eine Einleitung, einen Hauptteil, einen Schluss und ein Literatur- oder Quellenverzeichnis. Hinzu kommen ggf. weitere Verzeichnisse und/oder ein Anhang. In der Einleitung führen Sie zum Thema hin, im Hauptteil beantworten Sie die Fragstellung und im Schlussteil fassen Sie die Hauptergebnisse noch einmal kurz zusammen und setzen diese in einen größeren Gesamtzusammenhang.

Grundsätzlich müssen verwendete Literatur und Daten für die Leser*in transparent sein. Deshalb gehören beispielsweise Interview-
materialien und graue Literatur, wie Konzeptpapiere und andere Materialien, in den Anhang. Haben Sie sehr viel Material, können Sie in
Absprache mit der Dozent*in auch eine CD-ROM beilegen. Zu einer
Abschlussarbeit gehört immer eine eidesstattliche Erklärung. Die
entsprechende Formulierung für eine eidesstattliche Erklärung finden Sie zumeist in Ihrer Prüfungsordnung. Ggf. verlangen Dozent*innen auch ein Abstract (vgl. Kapitel 7.2).

Wie viele Seiten sollte eine Hausarbeit oder eine Thesis haben?
Grundsätzlich gilt: Nicht die Seitenzahl ist entscheidend, sondern
die Klarheit in der Beantwortung der Fragstellung und eine überzeugende Argumentation. Deshalb können Sie in einer Hausarbeit mal
nach zehn Seiten fertig sein, ein anderes Mal werden Sie 15 Seiten
brauchen. Orientieren Sie sich an den Vorgaben Ihrer Dozent*innen
und der Prüfungsordnung Ihrer Fakultät. Versuchen Sie eine Fragestellung zu entwickeln, die Sie im Rahmen der vorgegebenen Seiten
beantworten können. Der Anhang wird dabei nicht mitgezählt.

8.4 Das Essay

Ein Essay ist ein argumentativer Kurztext, der zu einer These oder
einer Frage Stellung bezieht. Ziel ist es, der Leser*in Ihren fachlichen
Standpunkt zu verdeutlichen, indem Sie sich argumentativ und kritisch
mit einem Thema auseinandersetzen, eigene Thesen dazu entwickeln
und begründen. Man könnte auch sagen, in einem Essay denken Sie
vor den Augen der Leser*in. Einem Essay liegen vier Arbeitsschritte
zugrunde: Ein Brainstorming zum Rahmenthema, die Formulierung
einer These, das Sammeln von Argumenten und das Schreiben.

Machen Sie zuerst ein Brainstorming zum Rahmenthema und vi-
sualisieren Sie es in einer Mindmap (vgl. Kapitel 5). Hilfreich können
dabei folgende Fragen sein (vgl. Bruffee 2006, S. 206 ff.):
• Was denke ich über das Thema?
• Was finde ich überraschend oder rätselhaft?
• Was vermisse ich?
• Was ärgert mich, was regt mich auf?

Entscheiden Sie anschließend, welche Aspekte sich für eine kritische Auseinandersetzung eignen und formulieren Sie eine These, die Sie in Ihrem Essay vertreten wollen. Diese These sollten Sie auf jeden Fall ausformulieren und aufschreiben. Auf das Beispiel bezogen könnte eine These lauten: „Alkoholkonsum ist ein normaler Teil der Jugendphase und kein soziales Problem."

Anschließend formulieren Sie zwei oder drei Argumente, die Ihre These stützen. Arbeiten Sie die Argumente aus, indem Sie nach Belegen für diese These suchen (vgl. Tabelle 5). Das können empirische Belege, Argumente aus der wissenschaftlichen Literatur, aber auch Beispiele aus der Praxis sein (vgl. Bruffee 2006, S. 206 ff.). Notieren Sie sich aus der Fachliteratur auch treffende Zitate und Gegenargumente. Das Arbeiten mit einer Tabelle kann helfen, Argumente, Belege und Gegenargumente zu strukturieren.

Nun können Sie mit dem Schreiben beginnen. Formulieren Sie eine Einleitung, einen Hauptteil und einen Schluss (vgl. Kapitel 7). Machen Sie in der Einleitung die Relevanz des Themas deutlich.

In einem Essay können Sie, stärker als bei anderen wissenschaftlichen Textformen, auch mit journalistischen Stilmitteln arbeiten: Stellen Sie beispielsweise ein provokantes Zitat voran. Für das o. g. Beispiel könnte ein solcher Einstieg lauten: „‚So säuft sich Deutschlands Jugend um den Verstand', urteilte 2014 die Bildzeitung auf ihrer Titelseite (vgl. Solms-Laubach 2014). Damit verstärkt die Boulevardzeitung das Bild vom scheinbar zunehmenden Alkoholkonsum Jugendlicher. Doch ist Alkoholkonsum wirklich ein neues und spezielles Problem der Jugendphase? Im Folgenden ...". Sie könnten aber auch den Einstieg über eine überraschende Statistik wählen, die beispielsweise veranschaulicht, dass der Alkoholkonsum Jugendlicher in den letzten Jahren stetig abgenommen hat (Robert-Koch-Institut 2015). Den nun folgenden Hauptteil können Sie unterschiedlich aufbauen. Sie können beispielsweise erst die Gegenargumente zu Ihrer These ausführen, um diese dann zu entkräften. Sie können aber auch mit dem schwächsten Argument beginnen und sich dann zum stärksten vorarbeiten. Oder Sie springen zwischen Pro- und Kontra-Argumenten hin und her, wobei Sie alle Gegenargumente entkräften. Machen Sie den Text abschließend rund, indem Sie Ihre Hauptargumente noch einmal zusammenfassen.

Geben Sie dem Text eine Struktur und denken Sie daran, das Gedankengut anderer als solches kenntlich zu machen (vgl. Kapitel 6.5). Ein Deckblatt ist nicht erforderlich. Wenn Sie darauf verzichten, müssen alle Angaben in die Kopfzeile. Ein Literaturverzeichnis ist hingegen zwingend erforderlich.

These: Alkoholkonsum ist Teil der Jugendphase und kein soziales Problem

	Begründung	Beispiel	Beleg	Zitat	Gegenargument
Argument 1	Historisch/ kulturell: Alkoholkonsum gehörte schon immer zur Jugendphase dazu	Darstellung in Filmen oder Jugendbüchern	Werse 2014, Längle 1996 Hoffmann; Groenemeyer 2014		Wurde aber auch schon immer problematisiert
Argument 2	Reflexion von Begrifflichkeiten: Jugend als Konstrukt, was unter Jugend zu verstehen ist, ändert sich	Psychologie, Pädagogik und Recht bestimmen Jugend anders, früher bis 21, Jugendlichen Alkoholverbot in den USA	Scherr 2014		Allgemein geht es um junge Menschen
Argument 3	Alkoholkonsum normaler Teil des sich Ausprobierens, lässt im Erwachsenenaltern nach	Berichte von Erwachsenen über ihre Jugendsünden	Niekrenz 2014		Manchmal hört es nicht auf, dann wird es problematisch

Tabelle 5: Strukturierung eines Essays

8.5 DAS PORTFOLIO

Eine neuere Form der Prüfungsleistung ist das Portfolio. Diesem liegt eine konstruktivistische Sichtweise auf Didaktik zugrunde. Bittet man zwei Studierende, den Inhalt einer Vorlesung wiederzugeben, erhält man meist zwei verschiedene Zusammenfassungen. Der Vortragsstoff wird nicht eins zu eins in den Kopf übernommen. Die Zuhörenden wählen aus, was sie für besonders relevant halten und versuchen den neuen Lernstoff an vorhandenes Wissen anzuknüpfen. Die konstruktivistische Didaktik (Reich 2006) verschiebt den Blick von einer Leistungsbeurteilung, die am Ende einer Veranstaltung vorwiegend schriftliches Wissen in einer Momentaufnahme abfragt, hin zur Beurteilung von Lernprozessen. Das Portfolio ist dafür eine typische Methode. Ein Portfolio ist „... eine Auswahl an Arbeiten verschiedener Form, die zusammengestellt, kommentiert und reflektiert wird, wobei insbesondere die Fortschritte in der Arbeit eines Lerners dokumentiert werden" (Reich 2010, S. 12).

Ähnlich wie in einer Mappe für ein künstlerisches Studium enthält auch das Portfolio verschiedene Werkstücke. Solche Werkstücke können in der Wissenschaft beispielsweise eine Rezension, ein Essay oder ein Exzerpt, aber auch andere Formen wie Fotos, Stadtteilkarten oder Interviews sein. Alle Werkstücke müssen nach wissenschaftlichen Standards erstellt werden (vgl. Kapitel 6.2).

Das Portfolio dient einerseits dazu, dass Lehrende einen Eindruck von Ihrem Lernfortschritt bekommen. Deshalb sollten Sie das Portfolio sinnvoll ordnen und ein Deckblatt und ein Inhaltsverzeichnis erstellen. Andererseits macht es Lernerfolge für Lernende sichtbar und ermutigt sie in Ihrem Lernprozess. Deshalb gehört die Reflexion des Portfolios und ggf. auch die der einzelnen Werkstücke zu einem Portfolio dazu. In einer solchen Reflexion können Sie zum Beispiel die Auswahl der Werkstücke begründen, die Bedeutung der einzelnen Werkstücke für den Lernprozess, Erkenntnisgewinne und offene Aspekte analysieren. Das Portfolio ist in der deutschen Hochschullandschaft noch relativ neu, deshalb gibt es bisher keine vorgegebenen Regeln. Das ist auch gut so, schließlich stehen Ihre individuellen Lernprozesse im Vordergrund.

Sie wissen nun, wie Sie eine schriftliche Arbeit erstellen und welche Besonderheiten die unterschiedlichen Formate schriftlicher Arbeiten aufweisen. Im Laufe Ihres Studiums werden Sie, neben schriftlichen Arbeiten, jedoch auch Präsentationen erstellen und Referate halten müssen. Was eine gelungene Präsentation ausmacht und wie Sie einen guten Vortrag halten, erfahren Sie im folgenden Kapitel.

9. ERGEBNISSE MÜNDLICH VORTRAGEN

Referent*innen können Expert*innen auf ihrem Gebiet sein – und schaffen es trotzdem nicht, ihr Thema zu vermitteln. Umgekehrt können charismatische Persönlichkeiten mit Altbekanntem begeistern. Für eine gelungene Präsentation[3] brauchen Sie beides: Fachwissen und Technik. Wie Sie zur Expert*in in einem Thema werden, haben wir bereits erläutert. Das folgende Kapitel gibt Ihnen einen Überblick, wie Sie Inhalte ansprechend vortragen und visualisieren sowie Fragerunden und Diskussionen moderieren. Erläuterungen zum Geben und Nehmen von Feedback runden dieses Kapitel ab.

9.1 DIE PRÄSENTATION

Wie Sie sich ein Thema erschließen, haben Sie bereits in den ersten Kapiteln dieses Buches gelernt (vgl. Kapitel 3 und 4). Prinzipiell gehen Sie genauso bei der Erarbeitung eines Themas für eine Präsen-

---

3 Ein Referat ist ein Vortrag zu einem bestimmten Thema, der Fokus liegt auf der Vermittlung von Wissen oder Informationen. In einer Präsentation arbeiten Sie die Inhalte durch Folien, Flipcharts oder andere Medien visuell auf. In diesem Buch werden, wie es in der Praxis überwiegend üblich ist, beide Begriffe synonym verwendet.

tation vor. Einer Präsentation kann eine analytische oder beschreibende Frage zugrunde liegen (vgl. Kapitel 5). Um diese Fragen zu beantworten, muss passende Literatur gefunden und gelesen werden (vgl. Kapitel 3). Auch der Aufbau gleicht mit den Elementen Einleitung, Hauptteil und Schluss der schriftlichen Arbeit. Im Gegensatz zu einer schriftlichen Arbeit richtet sich eine Präsentation nicht an eine Leser*in, sondern an viele Zuhörer*innen. Deshalb sollten Sie bei der Planung Ihrer Präsentation, bei der Aufarbeitung der Inhalte sowie der Wahl der Visualisierungselemente Ihre Zielgruppe im Blick behalten. Es macht einen Unterschied, ob Sie im Studium vor Kommiliton*innen oder später als Professionelle*r der Sozialen Arbeit vor Praktiker*innen, vor Eltern oder Vertreter*innen des Jugendhilfeausschusses eine Präsentation halten. Bereiten Sie eine Präsentation immer gründlich vor und nutzen Sie die Gelegenheit, das Referieren und Präsentieren im Studium einzuüben.

Studierenden fällt der **Einstieg** in eine Präsentation oftmals schwer. Sie möchten nicht mit ihrem Thema „angeben" und wissen nicht, wie sie ihre Kommiliton*innen zum Zuhören bringen sollen. Wenn Sie eine Präsentation halten, wechseln Sie vorübergehend die Seiten und werden zu einer lehrenden Person. Ebenso wie Ihre Dozent*innen sollen Sie anderen Studierenden Wissen vermitteln. Versuchen Sie, in diese Rolle hineinzuschlüpfen: Tragen Sie Ihr Thema überzeugend und mit Leidenschaft vor – das macht auch den Zuhörer*innen mehr Spaß. Versuchen Sie einen spannenden Einstieg zu finden und Ihre Zuhörer*innen für Ihr Thema zu interessieren. Beginnen Sie Ihre Präsentation mit etwas, das die Aufmerksamkeit und Neugierde der Zuhörer*innen weckt, einem sogenannten **Earcatcher**: Beispielsweise einem (provokanten) Zitat, einer Karikatur, einem Beispiel, an welchem die Teilnehmenden gut anknüpfen können.

Wenn Sie die Aufmerksamkeit des Plenums haben, betten Sie Ihre Präsentation in den Kontext des Seminars ein. Benennen Sie, was im Mittelpunkt Ihrer Präsentation steht, welcher **Leitfrage** oder -these Sie in den kommenden Minuten folgen werden und was das Ziel Ihrer Präsentation ist. Anschließend geben Sie einen **Überblick** über den Aufbau und Ablauf der Präsentation. Visualisieren Sie diesen „roten Faden" ggf. auf einem Flipchart und lassen Sie den

Aufbau für alle sichtbar hängen. Es erleichtert das Zuhören, da jederzeit nachvollziehbar ist, an welcher Stelle der Präsentation man sich gerade befindet. Spätestens an dieser Stelle sollten Sie auch klären, wann Fragen seitens der Zuhörer*innen erlaubt sind. Dürfen während der Präsentation oder erst am Ende Fragen gestellt werden? Gibt es ein Handout? Und wenn ja, wann werden Sie dieses verteilen?

Sie kommen nun zum **Hauptteil**, dem Herzstück Ihres Vortrages. Der Hauptteil gliedert sich nach verschiedenen Themenaspekten oder Gliederungspunkten. Achten Sie darauf, am Ende eines Aspektes noch einmal Spannung aufzubauen und Lust zu machen, sich auch auf den nächsten Teil der Präsentation zu konzentrieren. Sprechen Sie in kurzen, anschaulichen Sätzen. Bauen Sie „Publikumslieblinge", wie verständliche und nachvollziehbare Beispiele ein, die möglichst an die Praxis oder die Lebenswelt Ihrer Zuhörer*innen anschließen. Didaktisch geschickt ist auch der Einbau von Vergleichen und Analogien. Weitere stilistische Mittel sind rhetorische Fragen. Das sind Fragen, auf die Sie keine Antwort erwarten, sondern die Neugier der Zuhörer*innen wecken sollen.

Wenn Sie in Ihrem Vortrag wörtliche Zitate einbauen möchten, dann sollten Sie diese auf einer Folie, einem Flipchart o. Ä. visualisieren. Denken Sie daran, Zitate sehr langsam vorzulesen und achten Sie auf die Betonung, sonst wirken Zitate nicht. Vergessen Sie nicht, die Quelle des Zitats anzugeben. Auch in Präsentationen müssen Sie die von Ihnen genutzten Quellen belegen (vgl. Kapitel 6.5). Präsentieren Sie beispielsweise mit Powerpoint, dann geben Sie die Quelle direkt auf der Folie an. Darüber hinaus ist Ihre letzte Folie immer für die Literaturangaben reserviert.

Am **Ende der Präsentation** fassen Sie Ihren Vortrag noch einmal kurz und knackig zusammen und schlagen den Bogen zur Ausgangsfrage oder -these. Ziehen Sie ein Fazit und erläutern Sie die Bedeutung des Themas für den Gesamtzusammenhang des Seminars. Sollten Fragen offen geblieben sein, ist nun der Zeitpunkt, diese zu nennen.

Sie wissen nun, wie man eine Präsentation spannend aufbauen kann und welche sprachlichen Stilmittel sich eignen. Doch neben einem gut aufbereiteten Inhalt und stilistischen Mitteln spielen auch Sie persönlich eine zentrale Rolle für eine gelungene Präsentation. Ein überzeugendes Auftreten und eine gute Körpersprache sind wesentliche Bestandteile eines erfolgreichen Vortrags. Was Sie mit Ihren Händen machen, ob Sie während Ihrer Präsentation lächeln oder nicht, ob Sie die Zuhörer*innen anschauen oder nicht – all das entscheidet mit darüber, ob Ihr Gegenüber Sie als kompetent wahrnimmt. Nehmen Sie den Begriff „Körpersprache" wörtlich und machen Sie sich bewusst, wie Ihre Körperbewegungen wirken können.

Ein fester Stand, also sprichwörtlich „beide Beine auf dem Boden zu haben", gibt nicht nur ein Gefühl der Sicherheit und Stärke, sondern vermittelt diese Sicherheit auch nach außen. Sie zeigen Präsenz und Selbstsicherheit, indem Sie gerade stehen. Wählen Sie den Standort so, dass Sie von allen Zuhörer*innen wahrgenommen werden. Sollten Sie in einer Gruppe präsentieren, verstecken Sie sich nicht und treten Sie aus der Gruppe hervor, wenn Sie an der Reihe sind. Es empfiehlt sich, während des Redens nicht fortlaufend den Standort zu wechseln – zu viel Aktivität kann ablenkend wirken. Nutzen Sie aber den Raum und bleiben Sie nicht nur an einem Punkt stehen – das hält auch Ihre Zuhörer*innen bei der Sache.

Sie wissen nicht, wohin mit Ihren Händen? Es hilft, wenn Sie etwas haben, woran Sie sich festhalten können, beispielsweise eignen sich Moderationskärtchen oder ein Stift, um Ihnen den nötigen Halt zu geben. Moderationskärtchen mit Notizen zum Vortrag können Sie zudem hervorragend als „Spickzettel" nutzen.

Sind Sie schon einmal einem Menschen begegnet, der Sie im Gespräch nicht angeschaut hat? In der Regel ist man verwirrt oder abgelenkt und achtet nicht mehr auf das, was die gegenüberstehende Person inhaltlich sagt. Ihr Blick stellt den Kontakt zu den Anwesenden her. Für Menschen, die eine Hörbeeinträchtigung haben, ist Ihre Mimik und Gestik sowie die Bewegung Ihrer Lippen eine wichtige Unterstützung.

Nicht zuletzt sind Stimme und Sprache wichtige Bestandteile eines gelungenen Vortrags. Denken Sie an Hörspiele oder Radioreportagen. Das Variieren der Lautstärke, das Redetempo oder Pausen verleihen dem Gesagten Nachdruck. Alle können Ihnen besser folgen, wenn Sie laut und deutlich, in verständlichen, ganzen Sätzen und in einem angemessenen Redetempo vortragen. Setzen Sie Ihre Stimme ein, indem Sie bestimmte Aspekte betonen, und legen Sie immer wieder kurze Sprechpausen ein, um dem Publikum das Zuhören zu erleichtern.

Übung macht den Meister. Nur wenige Menschen sind geborene Redner*innen, alle anderen werden erst durch Üben dazu. Üben Sie zu Hause Ihre Präsentation, halten Sie Ihren Vortrag vor Freund*innen, Kommiliton*innen oder Ihre*r Mitbewohner*in. Das gibt Ihnen zum einen Sicherheit und der Ablauf wird Ihnen vertraut. Zum anderen können Sie Stolpersteine auf diese Weise vor dem eigentlichen Vortrag entdecken und rechtzeitig ausbügeln. Ein Redeskript oder Moderationskarten mit Stichpunkten können Ihnen als Gedankenstützen dienen und Ihnen das Formulieren der Sätze erleichtern. Bemühen Sie sich trotzdem, frei zu sprechen und nicht oder nur begrenzt abzulesen. So verlieren Sie nicht den Kontakt zu den Zuhörer*innen.

Lampenfieber gehört zur Präsentation dazu und kann nur bedingt beeinflusst werden. Je öfter Sie Präsentationen halten, desto mehr Routine werden Sie bekommen und desto leichter wird es Ihnen fallen. Wenn Sie Ihre Präsentation zudem im Vorfeld üben, können Sie der Situation ein Stück weit die Besonderheit nehmen. Meist legt sich das Lampenfieber nach den ersten Sätzen ein wenig. Haben Sie keine Angst vor Pannen, wie Versprechern oder den Verlust des roten Fadens, so etwas passiert auch erfahrenen Referent*innen. Ein Redeskript oder Moderationskarten mit Stichpunkten helfen Ihnen hier weiter. Es ist zudem nicht schlimm, wenn Sie während Ihres Vortrags kurz innehalten, um Ihre Gedanken zu sortieren.

Auch technische Pannen können immer auftreten. Führen Sie einen technischen Probelauf durch, wenn Sie die Möglichkeit dazu haben, und erkundigen Sie sich im Vorfeld, welche Technik zur Verfügung steht und ob es eine Form von technischem Support gibt, auf den Sie im Notfall zurückgreifen können.

Seien Sie etwas früher vor Ort, um sich mit dem Raum vertraut zu machen, die Technik zu checken und sich Zeit zum Ankommen und Einstimmen auf den Vortrag zu geben.

Niemand erwartet von Ihnen, bereits in den ersten Semestern ein*e begnadete Redner*in zu sein. Im Laufe Ihres Studiums werden Sie vermutlich einige Präsentationen halten und so langsam aber sicher Routine und Erfahrung gewinnen. Geben Sie sich selbst etwas Zeit, sehen Sie sich als Lernende und nutzen Sie Präsentationen im Studium, um wertvolle Erfahrungen für die Praxis zu sammeln.

9.2 DAS VISUALISIEREN

Neben dem Inhalt und der Referent*in spielen Visualisierungselemente eine wichtige Rolle bei Präsentationen. Beamer, Visualizer oder Flipchart helfen, ein Thema anschaulich zu machen. Die Vorteile bildlicher Darstellungen in einer Präsentation liegen auf der Hand. Sie können davon ausgehen, dass sie 30 Prozent mehr behalten als durch reines Zuhören (vgl. Seifert 2015, S. 11).

Gut ausgewählt und eingesetzt, dienen diese Hilfsmittel dann als visuelle Informationsträger, die das Gesagte unterstreichen, Verstehensprozesse unterstützen und die Kommunikation, z. B. in der anschließenden Diskussionsrunde, vereinfachen. Zahlen und Statistiken können Sie am besten bildlich darstellen und hierdurch Inhalte übersichtlich und verständlich zusammenfassen. Bildliche Darstellungen eignen sich auch, um den Zuhörenden Strukturen, Abläufe oder Prozesse zu verdeutlichen. Vergessen Sie dabei die Quellenangaben nicht. Statistiken, Schaubilder, Diagramme und sonstiges Bildmaterial müssen wie jede andere Quelle auch angegeben werden – beachten Sie hier die Belegregeln (vgl. Kapitel 6.5).

Mit einem Beamer projizieren Sie Folien an die Wand, auf Flipchart und Tafel können Inhalte visualisiert werden, Tafelbilder lassen sich gemeinsam mit der Seminargruppe erarbeiten. Der Inhalt eines Vortrages kann auch auf einem Poster visualisiert werden, eine Pinnwand eignet sich für die Arbeit mit Moderationskarten. Ein neues Medium ist der Visualizer, eine Dokumentenkamera, die jede erdenkliche Quelle (Bücher, Papier, Gegenstände) an die Wand projizieren kann.

Jedes Medium hat seine Vor- und Nachteile und muss für jede Präsentation an Thema, Zielgruppe und räumliche Gegebenheiten angepasst und ausgewählt werden. Achten Sie auch auf die Barrierefreiheit der eingesetzten Medien. Studierende mit einer Sehschwäche werden den Einsatz des Visualizers zu schätzen wissen, da Texte einfach vergrößert werden können. Die Powerpoint-Präsentation ist in Vorlesungen nicht wegzudenken, hat aber auch bei Seminaren den Vorteil, barrierearm zu sein, wenn sie entsprechend formatiert sind und zuvor online zugänglich gemacht werden. Menschen mit einer Sehbehinderung lassen sich Folien mit einer Software so umwandeln, dass diese für sie lesbar sind. Deshalb sollten Sie Folien mit Formatvorlagen formatieren, damit beispielsweise Überschriften als solche erkennbar sind. Gehen Sie sparsam mit Komplementärkontrasten um.

Wenn Sie mit Powerpoint arbeiten, überladen Sie Folien nicht. Zu empfehlen sind nicht mehr als sechs bis sieben Zeilen mit nicht mehr als sechs bis sieben Wörtern pro Zeile. Wählen Sie eine angemessene Schriftgröße (mind. 20 oder 24 Punkt) und Schriftart (Arial, Calibri, Helvetica o. Ä.). Setzen Sie Farben, Hervorhebungen und insbesondere Animationen gezielt und sparsam ein. Nutzen Sie ein dezentes Folienlayout und einen möglichst weißen Folienhintergrund mit schwarzer oder möglichst dunkler Schrift. Möglich sind auch Weiß auf Schwarz oder Weiß auf Rot. Denken Sie bei der Foliengestaltung daran: Sie sind die Hauptperson, nicht die Folien! Die Folien sollen Ihren Vortrag unterstützen, nicht den Vortrag abnehmen.

Während Sie mit der Software „Powerpoint" Vorträge linear aufbauen müssen, erlaubt Ihnen die kostenlose Software „Prezi", sich wie in einer Mindmap in unterschiedliche Themen hineinzuzoomen und ist damit flexibler einsetzbar.

Wollen Sie ein Poster erstellen oder mit Pinnwand und Metaplan arbeiten, dann achten Sie auf Gestaltungskriterien (Seifert 2015; Böhringer et al. 2014), wie z. B. eine gut lesbare Moderationsschrift.

Fotografieren Sie Flipcharts und Plakate ab. Stellen Sie alle Materialien auch online zur Verfügung, nach Möglichkeit als PDF und in einem „offenen Format", beispielsweise „ppt". Zum einen können sich Kommiliton*innen mit Sehbehinderung Ihre Materialien bereits vor der Präsentation ausdrucken oder mit einer entsprechenden Software lesbar machen. Zum anderen können Ihre Zuhörer*innen auch zu einem späteren Zeitpunkt nochmals darauf zurückgreifen.

Zum Weiterlesen:
- Rachow, Axel; Sauer, Johannes (2015): Der Flipchart-Coach. Profi-Tipps zum Visualisieren und Präsentieren am Flipchart. 2. Aufl., Bonn.
- Seifert, Josef W. (2015): Visualisieren, Präsentieren, Moderieren. [der Klassiker]. 35. Aufl. Offenbach.
- Die kostenlose Onlineversion derSoftware „Prezi" finden Sie unter www.prezi. com.

9.3 Das Handout

Das Handout hilft den Zuhörenden, dem Thema zu folgen, und sollte die Struktur der Präsentation widerspiegeln. Auch das Handout unterliegt bestimmten formalen Anforderungen.

In die **Kopfzeile** kommen alle Angaben zur Lehrveranstaltung, dem Studiengang und den Referent*innen. **Überschrift** Ihres Handouts ist das Thema der Präsentation. Anschließend verschaffen Sie der Leser*in einen Überblick, indem Sie die einzelnen Gliederungspunkte oder Leitfragen des Referats auflisten und die Inhalte prägnant zusammenfassen. Am Ende geben Sie Ihre **Literatur** an. Auch Graphiken oder zusammenfassende Bilder können hier sinnvoll sein. Achten Sie auf die Lesbarkeit, packen Sie nicht zu viel Text aufs Papier.

Ein Handout soll den Zuhörer*innen das Mitdenken und Mitschreiben nicht abnehmen, sondern die Ergebnisse der Präsentation sichern. Überlegen Sie sich daher, ob Sie das Handout zu Beginn der Präsentation austeilen oder am Schluss. Unabhängig davon empfiehlt es sich, im Vorfeld Ihre Materialien online verfügbar zu machen, beispielsweise auf der Lernplattform Ihrer Hochschule, damit Menschen mit einer Sehbehinderung Ihrem Vortrag besser folgen können.

Wird die Präsentation darüber hinaus verschriftlicht, benötigt der Text ein Deckblatt, ein Inhalts- und Literaturverzeichnis. Sie können sich hier an den Ausführungen zum schriftlichen Arbeiten orientieren. In den meisten Fällen schließt sich an die Präsentation noch eine Fragerunde oder eine Diskussion an.

9.4 DISKUSSION UND MODERATION

Im Anschluss an eine Präsentation haben die Zuhörer*innen die Möglichkeit, Fragen zu stellen. Diese Fragerunden dienen dazu, referierte Themen im Plenum zu vertiefen, offene Fragen zu klären oder Missverständnisse aufzudecken und auszuräumen. Demgegenüber leben Diskussionen davon, dass die Beteiligten verschiedene Standpunkte zu einem Thema einbringen. In Diskussionsbeiträgen wird Gesagtes kritisch hinterfragt, eigene Argumente eingebracht und gegen andere abgewogen sowie Schlussfolgerungen aus den Diskussionsbeiträgen gezogen.

Häufig gehen Fragerunden in Diskussionen über. Wichtig ist, dass Sie im Vorfeld mit Ihrer Dozent*in klären, wer die Moderation übernimmt. Moderation bedeutet in diesem Zusammenhang, dass Sie die Wortmeldungen Ihrer Kommiliton*innen organisieren. Sie registrieren, wenn sich jemand zu Wort melden möchte und sorgen dann dafür, dass bei den Wortmeldungen die Reihenfolge eingehalten wird. Schwieriger wird es, wenn Sie eine Diskussionsrunde zusätzlich als Moderator*in strukturieren (müssen). In diesem Fall sollten Sie auch die Diskussionsrunde inhaltlich vorbereiten. Norbert Franck (2013, S. 288 f.) rät, sich im Vorfeld folgende Fragen zu stellen:

- Welches Ziel soll mit der Diskussion verfolgt werden?
- Welche Fragen/Probleme sollen im Mittelpunkt stehen?
- In welcher Reihenfolge sollen diese Punkte besprochen werden?
- Wie können Probleme/Zusammenhänge visualisiert werden?
- Wie viel Zeit steht für die einzelnen Punkte zur Verfügung?

Wenn Sie eine Diskussionsrunde moderieren, sollten Sie einige diskussionseinleitende, offene Fragen oder Thesen vorbereiten – denn nicht immer entbrennt direkt nach einem Vortrag eine rege Diskussion. Machen Sie transparent, welche Punkte Sie diskutieren möchten, und nehmen Sie ggf. auch Themen Ihrer Kommiliton*innen auf. Leiten Sie die Diskussion ein, indem Sie die erste Frage stellen oder These formulieren. Gestalten Sie zwischen Ihren verschiedenen Themen Übergänge, beispielsweise indem Sie das bisher Diskutierte kurz zusammenfassen, bevor Sie auf das neue Thema eingehen.

Während der Diskussion ist es wichtig, dass Sie für einen struktu-
rierten und fairen Diskussionsverlauf sorgen (vgl. hierzu auch Franck
2013, S. 288-292):

- Öffnen Sie die Diskussion für offene Fragen. Häufig entsteht dann
  zunächst einmal eine Stille. Halten Sie diese Stille aus. Oft sind
  die Seminarteilnehmer*innen noch dabei, eine Frage in ihrem
  Kopf zu formulieren.
- Ein guter Einstieg in eine Diskussion können auch „Murmelgruppen" sein. Ihre Kommiliton*innen diskutieren zunächst mit ihrer
  Nachbar*in, welche Fragen offen geblieben sind, was besonders
  interessant war etc. Erst nach den Murmelgruppen bitten Sie um
  offene Fragen, Anmerkungen und Kritik. Dies ist eine gute Methode, um auch zurückhaltende Menschen in die Diskussion einzu-
  binden.
- Schätzen Sie alle Wortbeiträge wert, auch wenn Sie diese nicht
  teilen.
- Machen Sie die Diskussion überschaubar, indem Sie aufzeigen,
  wo Übereinstimmungen, wo Differenzen liegen und welche Fragen geklärt wurden bzw. offen geblieben sind.
- Behalten Sie Ziel und Thema der Diskussion im Auge.
- Achten Sie darauf, dass einzelne Diskussionsteilnehmer*innen
  nicht über die Köpfe der anderen hinweg diskutieren. Ermutigen
  Sie ggf. Kommiliton*innen darin, sich an der Diskussion zu betei-
  ligen und achten Sie darauf, dass niemand aus der Diskussion
  ausgeschlossen wird. Achten Sie bspw. auf diejenigen, die etwas
  beitragen möchte, aber den „Einstieg" in die laufende Diskussion
  nicht finden, oder helfen Sie aus, wenn jemand einen Begriff oder
  eine passende Formulierung sucht.
- Moderator*innen neigen häufig dazu, sich einen Ankerpunkt unter
  den Zuhörer*innen zu suchen. Sie wenden sich körperlich einer
  oder zwei Personen zu, die die Diskussion stark dominieren. Versuchen Sie, durch Blickkontakt und Körperhaltung die Diskussion
  zu allen Teilnehmer*innen zu öffnen.
- Halten Sie stockende Diskussionen in Gang, indem Sie weiterführende Fragen stellen, den Stand der Diskussion bilanzieren oder
  Themen/Problemstellungen nochmals erläutern.

- Sorgen Sie für eine faire Diskussion, indem Sie Pauschalisierungen, Unterstellungen oder persönliche Angriffe zurückweisen und auf eine sachliche Diskussionsebene beharren sowie dafür sorgen, dass die Reihenfolge bei Redebeiträgen eingehalten wird und die Teilnehmenden sich nicht gegenseitig ins Wort fallen.

Am Ende der Diskussionsrunde sollten Sie einen klaren Schluss setzen. Rekapitulieren Sie die Diskussionsergebnisse kurz und knapp, zeigen Sie offengebliebene Fragen auf und ziehen Sie Schlussfolgerungen, beispielsweise für die weitere Arbeit im Seminar oder für die Praxis der Sozialen Arbeit. Vergessen Sie nicht, sich bei den Kommiliton*innen für die Beteiligung an der Diskussion zu bedanken.

Eine Diskussion soll und darf kontrovers sein. Die Argumentation muss jedoch immer auf der Sachebene geführt werden. Wenn Sie selbst an einer Diskussion teilnehmen, achten Sie darauf, dass Sie im Eifer des Gefechts nicht persönlich oder moralisch argumentieren. Eine konstruktive und sachliche Auseinandersetzung mit anderen Standpunkten führt häufig zu neuen Sichtweisen und Erkenntnissen. Darüber hinaus können Sie überprüfen, ob Ihre eigenen Argumente tatsächlich „wasserfest" sind und einer fachlichen Diskussion standhalten. Eine Diskussion ist eine Übung im wissenschaftlichen Denken, keine persönliche Auseinandersetzung. Bleiben Sie deshalb gelassen und nehmen Sie die Aussagen anderer nicht persönlich. Denken Sie daran, dass Sie auch in der Praxis immer Ihre eigene Position vertreten und begründen müssen, sowohl vor Ihren Kolleg*innen als auch nach außen.

Nicht nur das kritische Diskutieren von Inhalten gehört zu den Grundkompetenzen, die Sie über das Studium hinaus brauchen werden, sondern auch die Fähigkeit, konstruktiv Kritik zu äußern. Wie Sie Feedback richtig geben und nehmen, erfahren Sie im folgenden Kapitel.

9.5 Das Feedback

Sie haben Ihre Präsentation geschafft – fast. Auch wenn es Sie Überwindung kostet, sich der Meinung anderer Personen zu stellen, fordern Sie ein Feedback ein. Nur so können Sie etwas über Ihren

Vortragsstil lernen und sich weiterentwickeln. Üben Sie in Ihren Seminaren eine „Feedbackkultur" ein. Die folgenden Regeln dienen als
Richtschnur für das Geben und Nehmen eines Feedbacks:

Feedback-Geber*in:

- Beziehen Sie sich auf konkrete, beobachtete Einzelheiten (keine
  Pauschalisierung) und nur auf die Punkte, zu welchen ein Feed-
  back erbeten wurde.
- Bemühen Sie sich um eine präzise Beschreibung (nicht bewer-
  tend/interpretierend).
- Beschreiben Sie Ihre eigene Wahrnehmung (subjektiv). Treffen
  Sie „Ich-Aussagen".
- Seien Sie offen, ehrlich, authentisch, aber nicht verletzend.
- Feedback ist immer konstruktiv. Geben sie es nur, wenn es hilf-
  reich sein kann und gewollt ist.
- Moralische oder persönliche Bewertungen sowie einseitige Deu-
  tungen sind fehl am Platz.
- Beziehen Sie sich auf aktuelles Verhalten während des Vortrags,
  nicht auf vergangenes Verhalten. Geben Sie Ihr Feedback immer
  unmittelbar und zeitnah.
- Feedback beinhaltet positive und negative Rückmeldungen, wobei die negative Rückmeldung zwischen die positiven Elemente
  gebettet wird („Sandwichmethode").

Feedback-Nehmer*in

- Hören Sie aufmerksam zu.
- Lassen Sie die Gesprächspartner*innen ausreden.
- Fragen Sie bei Unklarheiten nach.
- Verfallen Sie nicht in Rechtfertigungen.
- Reflektieren Sie, was von dem vorgebrachten Feedback für Sie
  hilfreich ist und Sie in Ihrer Weiterentwicklung unterstützt und was
  nicht. „Werten" Sie negatives Feedback nicht höher als positives
  Feedback.
- Kritik zu äußern fällt vielen schwer: Bedanken Sie sich für das
  Feedback.

Diese Regeln machen deutlich: Feedback hat nichts damit zu tun, am Ende einer Präsentation der Feedbacknehmer*in einfach etwas Aufmunterndes und Nettes zu sagen, weil Sie sich nicht sicher sind, ob diese Person Ihre Kritik verträgt. Es kommt darauf an, wie Sie Feedback geben. Ein gut platziertes und konstruktiv formuliertes Feedback eröffnet die Chance, eigene Stärken und Schwächen besser einschätzen zu können.

10. WISSENSCHAFTLICH ARBEITEN IN STUDIUM UND PRAXIS

Erinnern Sie sich noch an den Beginn dieses Buchs? Dort haben wir Ihnen dargelegt, was Wissenschaft ausmacht: Fragen stellen, diese mit wissenschaftlichen Methoden beantworten und die Ergebnisse darstellen. Dazu hat Wissenschaft eigene Arbeitsweisen, die Techniken wissenschaftlichen Arbeitens, entwickelt. Wir haben erläutert, wie Sie eine wissenschaftliche Fragestellung erarbeiten. Um eine solche Frage beantworten zu können, brauchen Sie bestimmte Grundkompetenzen: das Schreiben, Lesen und Recherchieren. Wir haben Ihnen dann verschiedene Formen der Darstellung wissenschaftlicher Erkenntnisse vorgestellt: die schriftliche Arbeit, die mündliche Präsentation und weitere Formen.

In allen Kapiteln haben wir den Bogen zur Praxis geschlagen und gezeigt, dass Techniken wissenschaftlichen Arbeitens nicht nur grundlegend für ein Studium sind, sondern für die Soziale Arbeit allgemein. Auch in der Praxis Sozialer Arbeit müssen Sie argumentativ von Ihrer Sache überzeugen können oder Sie werden Konzepte, Projektanträge und Berichte nach wissenschaftlichen Kriterien verfassen.

Sie werden sich im Laufe des Studiums die Techniken wissenschaftlichen Arbeitens immer mehr zu eigen machen und nur noch gelegentlich in diesem Buch nachschlagen müssen. Das Belegen von Quellen, der kritische Umgang mit Texten wird so selbstverständlich werden wie der Umgang mit Stift und Papier. Schließlich sind Techniken auch nur Techniken: Sie sind kein Selbstzweck, sondern ein Mittel, spannende Themen zu erarbeiten und zu präsentieren.

Literatur

Böhnisch, Lothar; Schröer, Wolfgang (2013): Soziale Arbeit – eine problemorientierte Einführung. Bad Heilbrunn.

Böhringer, Joachim; Bühler, Peter; Schlaich, Patrick; Sinner, Dominik (2014): Kompendium der Mediengestaltung. 6. Aufl., Berlin.

Bruffee, Kenneth A. (2006): A Short Course in Writing. Composition, Collaborative Learning, and Constructive Reading. 5. Aufl., New York.

Engelke, Ernst; Borrmann, Stefan; Spatscheck, Christian (2014): Theorien der Sozialen Arbeit. Eine Einführung. 6. Aufl., Freiburg i. Br.

Franck, Norbert; Stary, Joachim (Hrsg.) (2013): Die Technik wissenschaftlichen Arbeitens. Eine praktische Anleitung. 17. Aufl., Paderborn.

Gleichstellungsbeauftragte der Universität zu Köln (2013): ÜberzeuGENDERe Sprache. Leitfaden für eine geschlechtersensible und inklusive Sprache. http://www.gb.uni-koeln.de/e2106/e2113/e5726/2014_Leitfaden_UeberzeuGENDEReSprache_11032014.pdf [Zugriff: 29.09.2015].

Goethe, Johann Wolfgang von (2016/1829): Wilhelm Meisters Wanderjahre oder Die Entsagenden. Berlin.

Goethe, Johann Wolfgang von (1986/1808): Faust. Der Tragödie erster Teil. Stuttgart.

Grabrucker, Marianne (1993): Vater Staat hat keine Muttersprache. Original-Ausgabe. Frankfurt/M.

Heise, Elke (2010): Sind Frauen mitgemeint? Eine empirische Untersuchung zum Verständnis des generischen Maskulinums und seiner Alternativen". In: Sprache und Kognition – Zeitschrift für Sprach- und Kognitionspsychologie und ihre Grenzgebiete 19. Jg., Heft 1/2, S. 3-13.

Hug, Theo; Poscheschnik, Gerald (2015): Empirisch forschen. Die Planung und Umsetzung von Projekten im Studium. 2. Aufl., Konstanz.

Kuckartz, Udo; Dresing, Thorsten; Rädiker, Stefan; Stefer, Claus (2016): Qualitative Evaluation. Der Einstieg in die Praxis. 3. Aufl., Wiesbaden.

Langmaack, Barbara; Braune-Krickau, Michael (2010): Wie die Gruppe laufen lernt. Anregungen zum Planen und Leiten von Gruppen. 8. Aufl., Weinheim.

May, Michael (2005): Wie in der Sozialen Arbeit etwas zum Problem wird. Versuch einer pädagogisch gehaltvollen Theorie sozialer Probleme. Münster.

Reich, Kersten (2010): Systemisch-konstruktivistische Pädagogik. Einführung in die Grundlagen einer interaktionistisch-konstruktivistischen Pädagogik. 6. Aufl., Weinheim.

Reich, Kersten (2006): Konstruktivistische Didaktik. Lehr- und Studienbuch mit Methodenpool. 3. Aufl. Weinheim.

Robert-Koch-Institut (2015): Alkoholkonsum bei Jugendlichen – Aktuelle Ergebnisse und Trends. In: GBE Kompakt (2), S. 1-12. http://www.rki.de/Content/Gesundheitsmonitoring/Gesundheitsberichterstattung/GBE-

DownloadsK/2015_2_alkohol_jugendliche.pdf?__blob=publicationFile [Zugriff: 20.08.2015].

Rossig, Wolfram; Prätsch, Joachim (2010): Wissenschaftliche Arbeiten: Leitfaden für Haus-, Seminararbeiten, Bachelor- und Masterthesis, Diplom- und Magisterarbeiten, Dissertationen. 8. Aufl., Achim.

Sattler, Sebastian (2007): Plagiate in Hausarbeiten. Erklärungsmodelle mit Hilfe der Rational Choice Theorie. Hamburg.

Schmitz, Martina; Zöllner, Nicole (2007): Der rote Faden. 25 Schritte zur Fach- und Maturaarbeit. Zürich.

Schneider, Wolf (2001): Deutsch für Profis. Wege zu gutem Stil. 20. Aufl., München.

Seifert, Josef W. (2015): Visualisieren, Präsentieren, Moderieren. 35. Aufl., Offenbach.

Solms-Laubach, Franz (2014): So säuft sich Deutschlands Jugend um den Verstand! In: Bild vom 07.04.2014. http://www.bild.de/politik/inland/alkoholmissbrauch/koma-saufen-so-trinkt-deutschlands-jugend-35406676.bild.html [Zugriff: 20.03.2016].

Stickel-Wolf, Christine; Wolf, Joachim (2013): Wissenschaftliches Arbeiten und Lern-techniken. Erfolgreich studieren – gewusst wie! 7. Aufl., Wiesbaden.

Thimmel, Andreas; Friesenhahn, Günther J. (2012): Internationalität in der Sozialen Arbeit. In: Thole, Werner (Hrsg.): Grundriss Soziale Arbeit. 4. Aufl., Wiesbaden, S. 387-401.

Thole, Werner (Hrsg.) (2012): Grundriss Soziale Arbeit. 4. Aufl., Wiesbaden.

Thomas-Johaentges, Ursula (2013): Dein Schreib-Coach! Bachelor-, Master-, Doktor- und Projektarbeit. Vom Rohtext bis zur Endfassung. Norderstedt.

Vedral, Johanna (2015): Welche Funktion hat ein Exposé. https://schreibstudioblog.wordpress.com/category/expose/ [Zugriff: 26.05.2016].

Voß, Heinz-Jürgen (2011): Geschlecht. Wider die Natürlichkeit. Stuttgart.

Grundlagen Sozialer Arbeit

Die Reihe GRUNDLAGEN SOZIALER ARBEIT bietet kompakte, wissenschaftliche Grundlagenliteratur, die speziell für die gestrafften Studienanforderungen der Bachelor- und Masterstudiengänge konzipiert wurde.

Die Bücher orientieren sich an zentralen Themen der Wissenschaft sowie an Praxisfeldern und Handlungsformen der Sozialen Arbeit. Zurückgegriffen wird dabei auch auf relevante Wissensbestände benachbarter Sozial- und Geisteswissenschaften sowie inter- und transdisziplinäre Zugänge zu Themen der Sozialen Arbeit. Sie präsentieren wissenschaftliche Sachverhalte in einer für Studierende verständlichen Sprache und bilden die Voraussetzung für eine weitergehende vertiefende Lektüre.

Titel der Reihe (je € 9,80)

Bernd Birgmeier, Eric Mührel: **Wissenschaftliche Grundlagen der Sozialen Arbeit**, ISBN 978-3-89974635-8

Joachim Birzele, Lutz Thieme: **Sozialmarketing**, ISBN 978-3-89974320-3

Ulrich Dallmann, Fritz-Rüdiger Volz: **Ethik in der Sozialen Arbeit**, ISBN 978-3-89974319-7

Angelika Ehrhardt: **Methoden der Sozialen Arbeit**, ISBN 978-3-89974476-7

Gudrun Ehlert: **Gender in der Sozialen Arbeit**, ISBN 978-3-89974377-7

Marion Felder, Katrin Schneiders: **Inklusion kontrovers**, ISBN 978-3-7344-0327-9

Ina Hermann-Stietz: **Praxisberatung und Supervision in der Sozialen Arbeit**, ISBN 978-3-89974527-6

Winfred Kaminski (Hrsg.): **Medienkompetenz in der Sozialen Arbeit**, ISBN 978-3-89974376-0

Gabriele Kokott-Weidenfeld, Alexandra-Isabel Reidel: **Rechtsgrundlagen für soziale Berufe**, ISBN 978-3-89974316-6

Carola Kuhlmann: **Geschichte Sozialer Arbeit I, Studienbuch**, ISBN 978-3-89974860-4

Carola Kuhlmann (Hrsg.): **Geschichte Sozialer Arbeit II, Textbuch**, ISBN 978-3-89974392-0

Sigrid Leitner: **Soziale Altenarbeit und Alterssozialpolitik**, ISBN 978-3-89974932-8

Kurt-Peter Merk: **Europäisches und internationales Recht für soziale Berufe**, ISBN 978-3-7344-0008-7

Jürgen Nowak: **Soziologie in der Sozialen Arbeit**, ISBN 978-3-89974315-9

Armin Schneider: **Forschungsperspektiven in der Sozialen Arbeit**, ISBN 978-3-89974469-9

Armin Schneider: **Soziales Managen**, ISBN 978-3-89974613-6

Ina Hermann-Stietz: **Praxisberatung und Supervision in der Sozialen Arbeit**, ISBN 978-3-89974527-6

Sigrid Tschöpe-Scheffler: **Familie und Erziehung in der Sozialen Arbeit**, ISBN 978-3-89974318-0

www.wochenschau-verlag.de   www.facebook.com/ wochenschau.verlag   @wochenschau-ver